RANDONNÉES PÉDESTRES
DANS LA GARRIGUE GARDOISE

D1656097

NOTE DE L'ÉDITEUR

La pratique de la randonnée ne saurait en aucun cas dispenser du respect de la réglementation ou des interdictions signalées.
Entre le moment où les itinéraires ont été mis au point et celui où vous effectuez votre randonnée, réglementations et interdictions ont pu être modifiées, de nouveaux panneaux ont pu être implantés : vous devez impérativement en tenir compte.
Enfin, les auteurs ne peuvent en aucune façon être tenus pour responsables des infractions qui pourraient être commises par les utilisateurs du guide, notamment à l'encontre de la réglementation sur la propriété privée.

Chantal Chivas – René Lombardi

RANDONNÉES PÉDESTRES DANS LA GARRIGUE GARDOISE

LES GORGES DU GARDON
L'UZÈGE
MASSIF DU MONT BOUQUET
LES GORGES DE LA CÈZE
L'ARRIÈRE-PAYS GARDOIS

ÉDISUD
La Calade, 13090 Aix-en-Provence

Ce guide n'est pas une bible, ce n'est pas non plus un recueil exhaustif d'itinéraires pédestres. Il est seulement un choix de parcours nous paraissant très intéressant que nous avons établi en tenant compte de l'étendue de la zone décrite, de sa diversité, de tout l'éventail des adeptes de la randonnée, en essayant de refléter au mieux l'esprit du randonneur actuel, tout en suggérant des idées et des conceptions nouvelles. Nous parlons également des villages et de l'histoire qui se rattachent aux lieux visités.

ISBN 2-85744-571-7
ISSN 0765-569-X

Tous droits de reproduction, traduction et adaptation réservés pour tous pays.
© Charly-Yves Chaudoreille, Édisud, Aix-en-Provence, 1992.
La loi du 11 mars 1957 n'autorisant, aux termes des alinéas 2 et 3 de l'article 31, d'une part, que les « copies ou reproductions strictement réservées à l'usage privé du copiste et non destinées à une utilisation collective » et, d'autre part, que les analyses et les courtes citations dans un but d'exemple et d'illustration, « toute représentation ou reproduction intégrale, ou partielle, faite sans le consentement de l'auteur ou de ses ayants droit ou ayants cause, est illicite » (alinéa 1er de l'article 40).
Cette représentation ou reproduction par quelque procédé que ce soit constituerait donc une contrefaçon sanctionnée par les articles 425 et suivants du Code Pénal.

Photographies : Chantal Chivas et René Lombardi.

A tous nos amis
du Club Alpin Français Nîmes-Cévennes.

AVANT-PROPOS

La garrigue est un terrain favorable pour les randonnées : les parcours sont, dans l'ensemble, faciles avec peu de dénivelé. Le terrain se prête donc parfaitement à la promenade, néanmoins, vous trouverez dans cet ouvrage des itinéraires difficiles réservés aux plus sportifs, amateurs d'aventures et d'émotions fortes.
Les randonnées doivent se pratiquer avec un minimum de risques. Pour cela, avant de s'engager sur les sentiers, il faut avoir pris connaissance des quelques recommandations qui figurent au début de l'ouvrage. Les itinéraires proposés forment tous des boucles, les descriptions se veulent les plus claires et les plus précises possibles. Bien qu'il y ait une infinité de possibilités, les parcours choisis restent les plus représentatifs de l'ensemble de la garrigue gardoise.
Ce guide se compose d'une première partie où est présentée la garrigue ; faune, flore, historique et sécurité. Les itinéraires sont ensuite décrits par ordre de difficulté : du plus simple au plus difficile. Donc, en tournant les pages à droite ou à gauche, vous savez que vous choisissez des parcours plus ou moins ardus.
Nous souhaitons que cet ouvrage vous permette de découvrir la garrigue tout en vous amusant sur ces chemins de randonnée. Nous nous sommes efforcés d'inclure le maximum de renseignements sur l'historique et les curiosités de chaque lieu visité.

INTRODUCTION

Des Cévennes à la mer, le département du Gard est multiple et diversifié. Trois grandes régions dominent :
— la chaîne des Cévennes, montagne élevée et pluvieuse ;
— les garrigues, plateaux calcaires arides ;
— la plaine qui s'étale jusqu'à la mer Méditerranée.
Cet ouvrage se limite aux garrigues, coteaux calcaires couverts de forêts de chênes verts. L'arbre de la pierre, le « Garric » — chêne en provençal — a donc donné son nom à cette région austère.
Afin de planter le décor, disons que les quatre grands centres urbains du Gard sont Nîmes, Alès, Bagnols et Beaucaire. Ces villes possèdent un riche passé offrant de nombreux monuments historiques en leur centre. Malheureusement, comme beaucoup d'autres agglomérations, elles sont totalement asphyxiées par la circulation automobile et la pollution qui en découle. L'urbanisation galopante de ces dernières années a transformé leurs périphéries ; les « hangars commerciaux » enlaidissent les faubourgs et les enseignes lumineuses ont bien du mal à masquer la tristesse de ce décor uniformisé.
Par bonheur, quelques petites villes subsistent ; Uzès et Villeneuve, petits bijoux médiévaux, véritables villes-musées, ainsi que Remoulins, Sommières, Le Vigan, Sauve et bien d'autres, qui ont conservé leur visage d'autrefois...
Mais les véritables richesses du département sont les villages. Avec leurs maisons en pierres sèches, ils sont pittoresques, sans artifice, authentiques, à l'image de leurs habitants ; paysans pratiquant les cultures ou l'élevage traditionnels qui respectent l'environnement — vignes, vergers, asperges, moutons et chèvres. On ne trouve pas d'exploitations agricoles de type industriel comme chez leurs voisins du Vaucluse et des Bouches-du-Rhône.
Cette région garde les traces d'un passé riche et souvent tragique. De nombreux menhirs, oppidums (oppida si vous préférez), grottes préhistoriques attestent d'un passé fort ancien. Ensuite, se furent les Romains qui jalonnèrent la région de leurs ouvrages monumentaux, puis le moyen-âge laissa de nombreux châteaux, malheureusement le plus souvent ruinés. Enfin l'architecture gothique est également présente dans le département.
On ne peut oublier le protestantisme qui témoigne encore de son passé douloureux, notamment dans la région d'Anduze, frontière entre garrigues et Cévennes.
La partie principale du département du Gard est donc la garrigue. Sillonnés par les cours d'eau qui ont creusé de nombreuses gorges, ces plateaux austères de prime abord, dévoilent leurs secrets et leur charme à

qui sait les aimer et les comprendre. Loin des foules et des préoccupations à la mode, ce pays défavorisé garde toute son authenticité. Le patrimoine culturel, historique et géographique de la guarrigue permet un tourisme de qualité.

Les itinéraires que nous vous proposons sont à l'image du département ; diversifiés, riches en curiosités, ils présentent peu de dénivellation, ils sont assez faciles, assez courts dans l'ensemble. En un mot, ils permettent de retrouver le terroir que la vie moderne nous a fait oublier.

Loin du bruit et de la fureur de notre fin de siècle tourmentée, nous souhaitons que cet ouvrage vous permette de goûter les charmes d'un pays rude et austère mais proche de la pureté essentielle, celle de la terre de nos ancêtres.

GÉOLOGIE - FAUNE ET FLORE

La région a été envahie à l'ère secondaire par les eaux méditerranéennes qui ont déposé une couche importante de sédiments. Lors du soulèvement pyrénéo-alpin, notre vieille pénéplaine hercinienne s'est surélevée, faisant surgir les Cévennes dans tout le nord-ouest du département. Ce phénomène est à l'origine de nombreux canyons, ainsi que d'impressionnantes falaises aux roches compactes. Les plateaux calcaires ainsi créés sont truffés de trous, grottes et avens.
Ces collines sont recouvertes de garrigue, ensemble de plantes vivaces telles que : chênes verts et chênes kermès, cades — qui rendent de fiers services en médecine douce — arbousiers — dont on extrait de l'eau-de-vie — de pins d'Alep et des plantes provençales traditionnelles comme le thym, le romarin, la sauge — toutes trois mondialement connues dans l'art culinaire — lavande, ciste... Cette végétation retient les sols des lessivages répétés dus aux orages spectaculaires qui sévissent dans la région. Les plaines au sol souvent silicieux abritent le pin maritime et le pin parasol ainsi que de nombreux vergers.
Le feu, gros dévorateur de forêts, peut détruire en quelques minutes toutes ces beautés sauvages, vestiges d'un long passé et seules sauvegardes de notre avenir. Soyez donc extrêmement vigilants, ne détruisez pas nos forêts mais respectez-les et sachez les aimer comme vous aimez vos enfants afin que ceux-ci puissent jouir de ces paysages dans le futur. Comme le dit si bien le commandant Cousteau, les générations futures ont des droits et nous, nous avons des devoirs envers eux comme, par exemple, leur léguer une nature intacte.
Dans les gorges, de nombreuses résurgences alimentent les rivières en eau limpide. Les cours d'eau serpentent ainsi au pied des parois abruptes dans lesquelles nichent quelques rapaces ; aigle de Bonelli, vautour pecnoptère, faucon crécerelle, chauves-souris pipistrelles... Pour protéger ces oiseaux, un arrêté de Biotope a été pris dans les gorges du Gardon et un projet est à l'étude au mont Bouquet.
Pour le randonneur, les rencontres fortuites avec des animaux se résument surtout aux sangliers, lapins de garenne, écureuils, couleuvres, lézards, hérons cendrés, ainsi qu'aux animaux élevés par l'homme comme le mouton ou la chèvre.
Quoi qu'il en soit, que vous rencontriez de beaux et majestueux animaux ou que vous voyiez de jolies fleurs, ne cueillez rien, ne coupez rien, ne tuez rien, sortez plutôt votre appareil photo et mettez ces merveilles sur pellicules, vous en aurez ainsi de meilleurs souvenirs, d'autres personnes pourront les contempler et surtout toutes ces espèces continueront de vivre.
Si vous désirez approfondir vos connaissances, lire : « L'appel de la garrigue » de Gérard Joyon et « Découverte géologique du Languedoc méditerranéen » de Jean-Claude Bousquet et Gabriel Vignard (Edition du BRGM).

_ SYMBOLES DES SCHEMAS _

ROUTES PRINCIPALES

ROUTES SECONDAIRES

PISTES DE DEFENSE DES FORÊTS CONTRE LES INCENDIES

ITINERAIRES DECRITS

VARIANTES DECRITES

SENTIERS

PISTES

LIMITES DES COMMUNES

TORRENTS

ROCHER

COMMUNE

DEPART D'ITINERAIRE

FIN D'ITINERAIRE

COUPURE D'ITINERAIRE (CHANGEMENT DE COMMUNE)

REFUGE _ GITE

PARKING

CONSTRUCTION

CHAPELLE

CROIX

CITERNE _ PUITS _ RESERVOIR

SOMMET (POINT CULMINANT)

GROTTE

VESTIGES

RELAIS HERTZIEN _ RADAR

PONT

CAMPING

CABINE TELEPHONIQUE

RUINE

ORATOIRE

SOURCE _ FONTAINE

GOUFFRE

POINT COTÉ

POINT DE VUE

MONUMENT

COL

RENSEIGNEMENTS PRATIQUES

A. — MOYENS D'ACCÈS

La garrigue gardoise se situe plutôt au sud-est du département, au nord de Nîmes.
Les voies de communication sont, bien sûr, diversifiées, modernes et très complètes. Voies ferrées et routes desservent tout le département.
Nous tenons à préciser que, dans les itinéraires, les descriptions des accès sont à considérer, le plus souvent, à partir de Nîmes.

B. — RAVITAILLEMENT ET HÉBERGEMENT

Les bivouacs et campings sauvages sont interdits pour d'évidentes raisons liées aux risques d'incendie. Donc, l'hébergement se fera en campint, hôtel ou chambre d'hôte. Les citer tous ici est impossible, ils sont vraiment très nombreux, vous trouverez tous les renseignements nécessaires sur l'annuaire, le minitel ou auprès des offices de tourisme du département.

C. — CARTOGRAPHIE

Les schémas présentés dans cet ouvrage ne peuvent en aucun cas se substituer aux cartes IGN au 1/25 000e : chaque description d'itinéraire précise le numéro de série de la carte nécessaire pour effectuer la randonnée.
Pour l'ensemble du département les cartes les plus appropriées sont celles au 1/200 000e (IGN ou Michelin).

D. — LECTURE DES SCHÉMAS

Pour chaque itinéraire, nous avons dessiné une carte comportant le trajet parcouru, avec le sens de la description en couleur, ainsi que la topographie des lieux et des sentiers annexes.

itinéraire principal	———→———
variante	- - - -→- - - -
point de départ	■———

E. — PÉRIODES FAVORABLES

Les saisons les plus agréables pour entreprendre les randonnées sont le printemps et l'automne. Mais, si l'on sait choisir son itinéraire, toutes les périodes de l'année conviennent. Chaque descriptif prend en compte les problèmes climatiques, notamment les périodes de présence de l'eau pour les parcours dans les canyons qui sont beaucoup moins intéressants en période de sécheresse.

F. — ÉQUIPEMENT

Pour les itinéraires faciles, short, petit tricot et tennis suffisent amplement. Prévoir tout de même des vêtements appropriés aux conditions climatiques : K-Way, pull...
Pour les randonnées plus techniques, il faut être équipé d'une bonne paire de chaussures de marche couvrant les chevilles. Les chaussures de montagne conviennent parfaitement ; celles de trekking sont idéales.
Prévoir également un couvre-chef pour se protéger du froid et du soleil.
Il faut emporter une bonne réserve d'eau car la garrigue est dépourvue de sources. Les prélèvements dans les citernes sont rigoureusement interdits.
Les cartes des lieux, une boussole et éventuellement un altimètre peuvent être utiles.

G. — DESCRIPTIONS DES ITINÉRAIRES

Les itinéraires sont décrits par ordre de difficulté. Pour chaque randonnée, nous présentons les lieux, nous donnons quelques recommandations, nous vous informons ensuite sur le point de départ de l'itinéraire (qui forme toujours une boucle) et nous décrivons le parcours le plus précisément possible. Avec l'aide des schémas et éventuellement des cartes IGN, il n'y a aucun risque de se perdre.

G1. — Temps

Les parcours ayant été effectué par deux marcheurs entraînés, les horaires ne sont donnés qu'à titre indicatif. Il s'agit du temps de marche effectif, les pauses ne sont pas prises en compte.

G2. — Difficulté

Dans ce chapitre, nous décrivons les difficultés que peuvent rencontrer certaines personnes. Tous les problèmes particuliers, tels que les passages aériens, les pas d'escalade, les pentes raides ou instables, la pénibilité d'un parcours, sont notés. Ces indications vous permettront de profiter pleinement de ces randonnées.
Nous distinguons deux catégories de difficultés :

1) la difficulté technique :

Il s'agit essentiellement des difficultés liées aux risques de chute ainsi que celles proprement dites du parcours. Nous avons classé les itinéraires en trois niveaux :
T1 : sentiers bons à aériens ;
T2 : passages rocheux nécessitant l'usage des mains. Sans réel danger ;

T3 : ressauts rocheux. A la limite de l'escalade. Une chute peut être grave.

2) La pénibilité :
Il s'agit de la difficulté physique : longueur de l'itinéraire, sentiers raides ou instables :
P1 : sentiers peu difficiles, petite dénivellation ;
P2 : longs trajets ou dénivellation importante ;
P3 : sentiers très fatigants, sur pente raide, en terrain instable ou avec beaucoup de végétation.

G3. — Dénivellation

Il s'agit de la dénivelée de montée, il y aura donc autant à descendre ensuite car, nous le rappelons, tous les itinéraires sont des boucles.

G4. — VTT

Un petit commentaire est consacré aux vélos tout terrain. Etant donné la faible longueur de la plupart des itinéraires, les circuits se résument à de petites balades d'une demi-journée, voire de guère plus d'une heure. Bien évidemment, les temps indiqués ne sont pas valables pour les VTT qui sont beaucoup plus rapides que les marcheurs.
Les appréciations des difficultés sont toutes relatives car nous n'avons pas effectué tous les parcours à vélo. Les passages qui nécessitent de pousser la bicyclette ne sont pas considérés comme difficiles dans la mesure où ils sont courts et peu raides. En fait, ce livre ne prétend pas décrire en détail des itinéraires destinés aux VTT mais seulement être une indication quant à l'intérêt du circuit à vélo.
Nous demandons aux « vététistes » d'être très courtois avec les marcheurs car souvent ces derniers ressentent les vélos comme une agression (surprise, vitesse de la bicyclette, devoir laisser le passage, etc.).

H. — SIGNALISATION SUR LE TERRAIN

Les itinéraires décrits ne passent pas tous par des chemins jalonnés, mais il arrive souvent que nous en empruntions quelques-uns sur un tronçon du parcours. Vous rencontrerez surtout le GR 42, GR 6, GR 63, GR 67 et les PR tracés souvent en jaune.
Par ailleurs, pour permettre aux randonneurs de prendre plus d'initiatives, nous n'avons pas jalonné nos trajets, mais simplement mis en place quelques cairns aux passages les plus délicats. Fiez-vous donc aux schémas du livre, aux parcours décrits, ainsi qu'aux cartes IGN.

I. — TERMES TECHNIQUES

Cairn : petite pyramide de pierres.
Bartasser : traverser un passage encombré de végétation.
Lavogne : mare artificielle servant d'abreuvoir pour les animaux sauvages.

SIGNAUX INTERNATIONAUX D'ALARME EN MONTAGNE
INTERNATIONALE ALARMSIGNALE IM GEBIRGE
INTERNATIONAL ALARM SIGNALS IN THE MOUNTAINS
SEGNALI INTERNAZIONALI D'ALLARME IN MONTAGNA
SENALES INTERNACIONALES DE ALARMA EN MONTANA

OUI
JA
YES
SI

FUSÉE OU FEU ROUGE
ROTE RAKETE ODER FEUER
RED FUSE OR FIRE
RAZZO ROSSO O LUCE ROSSA
COHETE DE LUZ ROJA

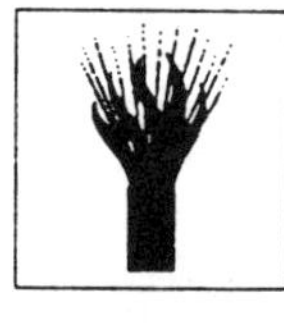

CARRÉ DE TISSU ROUGE
ROTES QUADRATISCHES TUCH
SQUARE OF RED CLOTH
QUADRATO DI TESSUTO ROSSO
CUADRADO DE TEJIDO ROJO

NOUS DEMANDONS DE L'AIDE
WIR BITTEN UM HILFE
WE NEED HELP
OCCORRE SOCCORSO
PEDIMOS AYUDA

NON
NEIN
NO

NOUS N'AVONS BESOIN DE RIEN
WIR BRAUCHEN NICHTS
WE DON'T NEED ANYTHING
NON ABBIAMO BISOGNO DI NIENTE
NO NECESITAMOS NADA

SÉCURITÉ DES RANDONNEURS

Bien sûr, la sécurité dans la garrigue est bien peu comparable à celle qu'il faut observer lors de randonnées à 4 000 m dans les Alpes.
Toutefois, il faut respecter quelques règles élémentaires.
Prévenir l'entourage du lieu de l'itinéraire.
Eviter de partir seul, ainsi que dans le brouillard car, malgré la faible altitude, il peut être aussi déroutant qu'ailleurs.
Certains itinéraires sont plus difficiles. Prévoir éventuellement une corde, une pharmacie légère, une boussole et des vêtements chauds pendant la mauvaise saison.
Il faut également connaître ses propres limites ainsi que celles des personnes qui vous accompagnent. Calquer son pas sur celui du plus lent.
Avoir une lampe de poche peut rendre de nombreux services, car outre l'éclairage, elle peut servir à faire des signaux de détresse.
Pour mémoire, nous vous rappelons :
— deux bras levés : besoin de secours ;
— un bras levé, l'autre en bas : tout va bien.
En cas d'accident, garder son calme, ne jamais laisser un blessé seul, se répartir les tâches — si vous êtes plusieurs — chronologiquement :
— protéger le blessé contre le froid et les dangers ;
— alerter les secours ;
— secourir, en cas d'urgence, le blessé.
Certains itinéraires proposés dans cet ouvrage sont très difficiles, trois ou quatre sont réservés aux personnes entraînées et, plus que jamais, les consignes ci-dessus y sont valables. L'utilisation d'une corde est recommandée pour faciliter le passage des personnes peu expérimentées. Il faut, dans ce cas, l'utiliser comme une main courante ; fixée au départ et à l'arrivée, et bien tendue, elle peut rendre de nombreux services.
Après toutes ces recommandations, il convient de préciser que la garrigue constitue un terrain facile. Les accidents doivent y être rares.
Bonnes balades, donc, en toute tranquillité.

AVERTISSEMENTS

Risques importants d'incendies pour la forêt

PAS DE FEUX

CAMPING SAUVAGE INTERDIT

Pour la beauté de la nature et le plaisir des yeux :

REMPORTER VOS DÉCHETS
COMPRENDRE LA POPULATION LOCALE
RESPECTER LES PROPRIÉTÉS PRIVÉES

NATURE = SOURCE DE VIE

Sachez la sauvegarder

Photo ci-contre :
Les moulins du Roc de Gachone

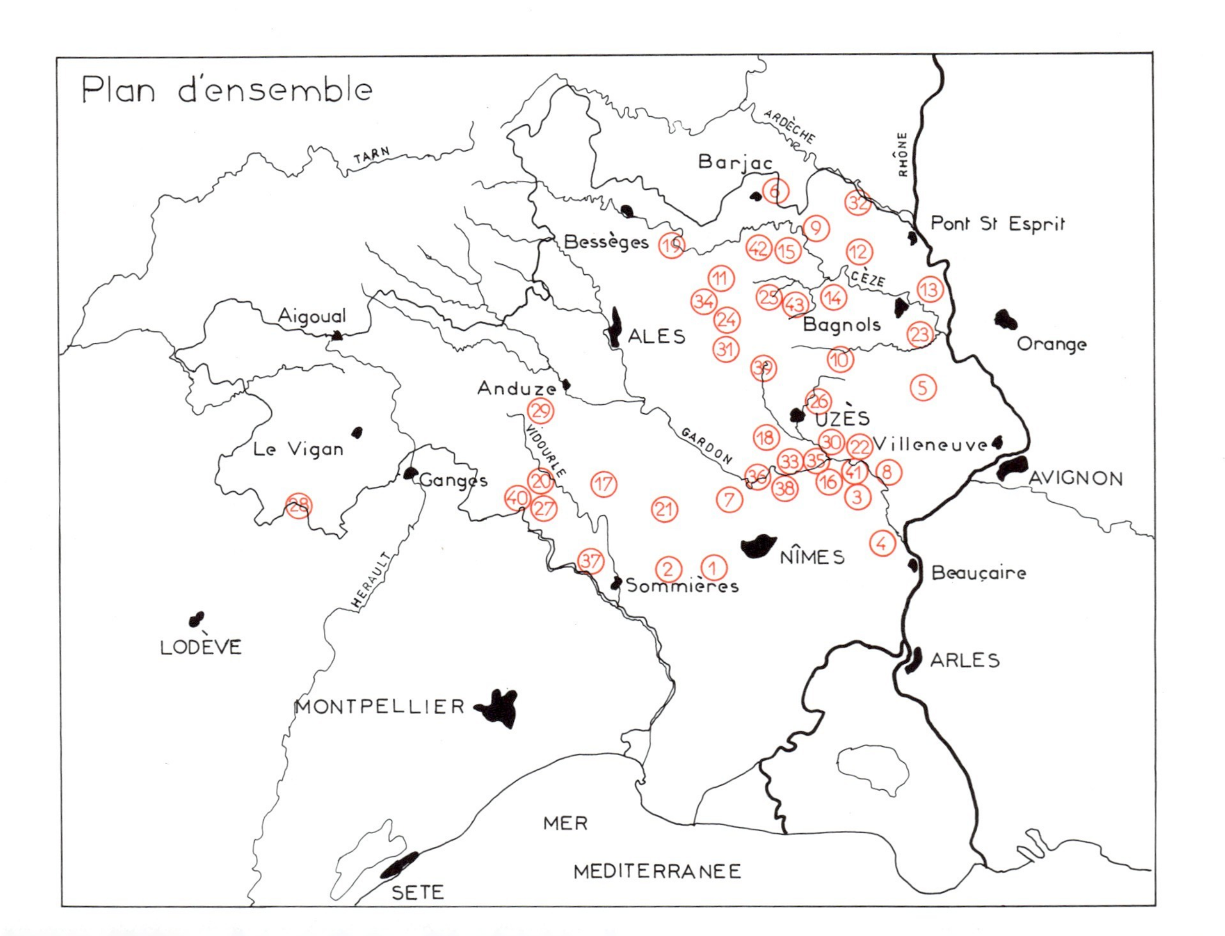
Plan d'ensemble
TARN
ARDÈCHE
RHÔNE
Barjac
Pont St Esprit
Bessèges
CÈZE
Bagnols
Orange
Aigoual
ALES
Anduze
UZÈS
Villeneuve
AVIGNON
GARDON
VIDOURLE
Le Vigan
Ganges
NÎMES
Beauçaire
Sommières
HERAULT
LODÈVE
ARLES
MONTPELLIER
MER
MEDITERRANEE
SETE

DESCRIPTIONS DES ITINÉRAIRES

Itinéraire n° 1

L'OPPIDUM DE NAGES

schéma n° 1, page 23

Voici une promenade sans prétention sportive mais qui se veut instructive. En effet, l'oppidum que nous allons découvrir est tout à fait remarquable, habité dès le IIIe siècle avant J.-C., c'est l'un des plus importants du Languedoc. Vous pourrez ainsi promener dans des rues, parmi des murs et des enceintes de pierres sèches.

Temps : 1 h.

Difficulté : aucune. P1-T1.

Dénivellation : 100 m.

VTT : A effectuer en sens inverse, un peu court.

Carte IGN n° 2842 est, Vergèze.

Recommandations :
Se documenter pour mieux apprécier le site. Il existe un musée au village, se renseigner à la mairie.

Accès :
Nages et Solorgues, petit village pittoresque, se trouve près de Calvisson. Pour s'y rendre, emprunter la D. 40 depuis Nîmes en direction de Sommières, puis prendre à gauche la D. 137 avant Calvisson. Stationner sur la place de la République.

Description de l'itinéraire :
S'engager dans la rue de l'Oppidum, suivre la direction indiquée par le panneau « Oppidum visiteurs » dans la rue de la Fontaine-Romaine. Passer devant le réservoir romain pour arriver à la fontaine de la même époque. Agréablement aménagé, le site propose déjà un repos alors que nous commençons à peine.
Monter à l'oppidum en contournant une propriété, se guider aux flèches sur un chemin empierré. On arrive assez vite au site.
— 20 mn depuis le départ.
Vous pouvez déambuler dans les rues ou sur les murets des fortifications. Ces constructions ont recouvert des débris néolithiques. Imaginer la vie des gens dans ces rues étroites, sur ce magnifique plateau, poste d'observation idéal, peut être un jeu passionnant.
Continuer la randonnée par un large chemin allant vers le sud-ouest (le départ se trouve au niveau de la plaque indiquant la restauration du site). Suivre cette bonne voie au milieu des amas de pierres. Au carrefour, choisir la droite, passer sous un pin majestueux en admirant la vue à l'ouest sur le Roc de Gachone et Calvisson. Peu après, à droite, se cache une capitelle reconstituée il y a peu. Marcher au bord du plateau,

traverser un autre site romain. Au niveau d'une pinède, on arrive à un col. Continuer sur le même bon chemin jusqu'au carrefour suivant, prendre alors à droite la piste DFCI B18.
— 20 mn depuis l'oppidum.
Marcher sur cette voie à flanc de colline, passer par un quartier résidentiel, rejoindre le village par des rues goudronnées.

Itinéraire n° 2
LE ROC DE GACHONE
schéma n° 1, page 23

Cette promenade sympathique permet de découvrir un des plus beaux panoramas sur l'ensemble de la région gardoise. Court et facile, cet itinéraire permet un premier contact avec la marche dans la garrigue.

Temps : 1 h 30 mn.

Difficulté : Aucune. P1-T1.

Dénivellation : 80 m.

VTT : Technique sur les petits sentiers.

Carte : IGN n° 2842 est, Vergèze.

Recommandations :
Se méfier des journées ventées ainsi que du grand soleil estival si l'on veut entreprendre cette randonnée avec bonheur.

Accès :
Depuis Nîmes, prendre la D. 40 en direction de Sommières, dépasser Calvisson, au village suivant — Congénies — tourner à droite devant l'église, passer devant l'entrée du foyer communal. Emprunter une petite route interdite aux véhicules de plus de 3,5 tonnes — le chemin de Nègre-Saume — stationner au carrefour qui se trouve juste avant la décharge.

Description de l'itinéraire :
Commencer la randonnée par le chemin en direction du sud, on arrive assez vite dans une oliveraie. Incliner la marche vers l'est, il existe un petit sentier à la limite de la garrigue et des oliviers. Après un passage dans des genêts, on se trouve sur une butte au-dessus des vergers. Passer par une petite pinède où une ruine rompt le charme de la forêt. Peu après, on arrive à un chemin plus large, aller à gauche, ne pas monter sur le large chemin mais, dans le virage, emprunter un petit sentier sur la droite. La sente s'élargit immédiatement, se diriger vers un col. Descendre dans la combe, suivre le lit d'un torrent à sec, monter à droite dans des gradins. Incliner la marche vers le nord-est, gravir la colline. Marcher vers l'est, il n'y a pas de sentiers bien définis, cependant la pro-

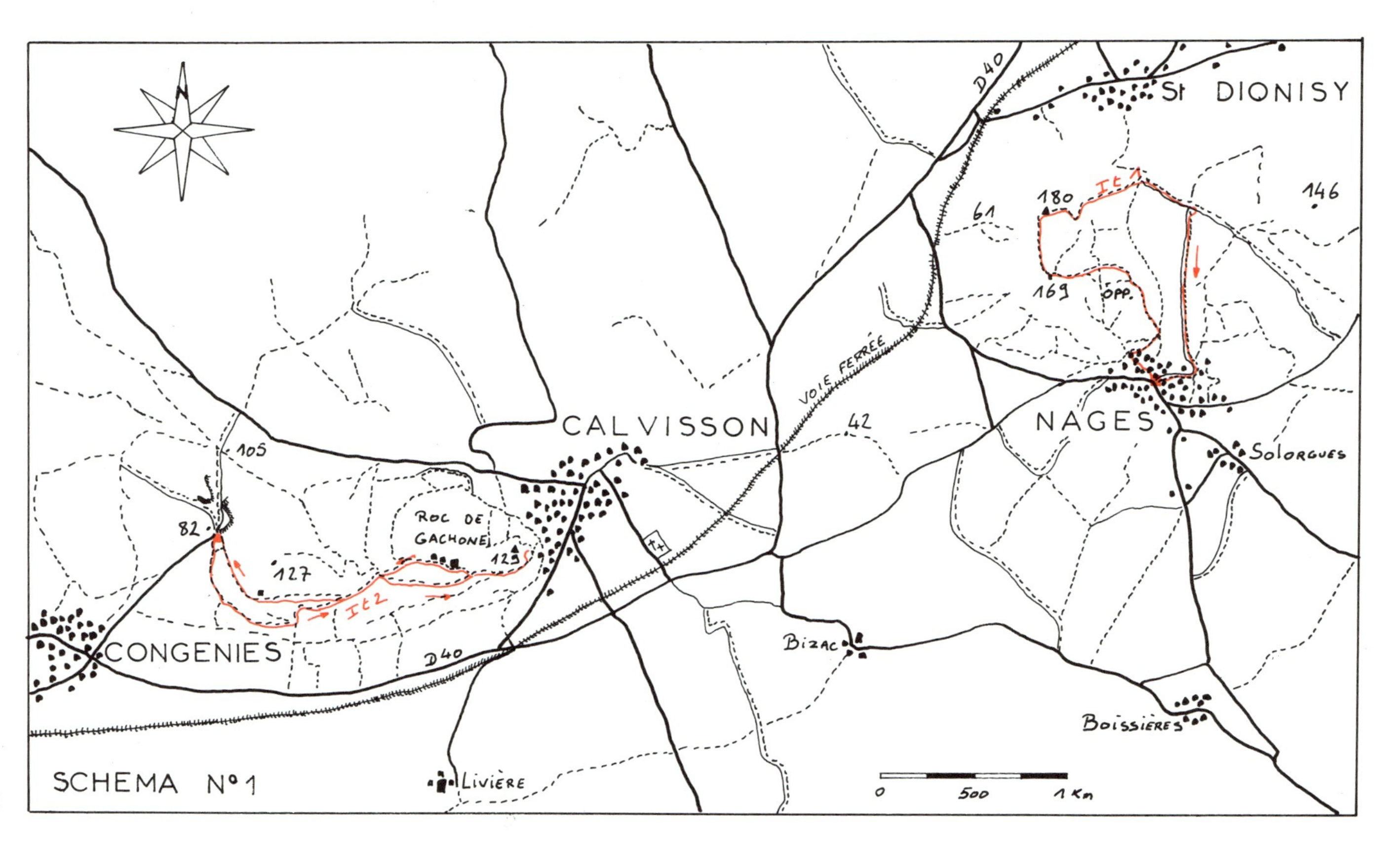

St DIONISY
NAGES
CALVISSON
CONGENIES
SCHEMA N°1
Solorgues
Boissières
Bizac
Livière
ROC DE GACHONE
VOIE FERRÉE
D40
It 1
It 2
OPP.
146
180
169
61
42
125
127
105
82
0
500
1 Km

gression est aisée dans cette zone d'arbres clairsemés. On rattrape un chemin près de quelques murets en pierres sèches.
— 30 mn depuis le départ.
La vue se dégage vers le sud et l'étonnante propriété, îlot de verdure, noyée dans les vignes.
Continuer vers l'est, en vue du Roc de Gachone, on retrouve le PR. Au collet, ne pas suivre les traces jaunes à gauche mais poursuivre tout droit sur un bon chemin en corniche. 15 mn plus tard, on arrive à proximité d'un « parcours de santé ».
Aller visiter sur la colline en face de curieuses ruines enfouies dans le sol. Ces constructions parmi de majestueux pins parasols et des cyprès centenaires offrent une aire de repos magnifiquement ombragée.
De là, vous pouvez descendre au village de Calvisson en contrebas ou bien revenir sur vos pas pour accéder au Roc de Gachone par des escaliers.
— 15 mn.
Un table d'orientation datant de 1911 se cache au sommet d'un des moulins. Vue panoramique sur les Alpilles, le mont Ventoux, le mont Lozère, le mont Bouquet, la Grande Motte et le pic St-Loup qui se cache derrière l'ultime construction à l'ouest.
Après avoir contemplé le paysage gardois, se diriger vers les deux autres tours à l'ouest, garder la même direction, passer sur des zones de pierres instables puis obliquer à gauche en descendant jusqu'au PR. Dégringoler jusqu'à un col et suivre le tracé jaune sur un joli sentier serpentant au milieu des pins et des genévriers. C'est sans plus de difficulté que 30 mn plus tard on retrouve les véhicules.

Itinéraire n° 3
LES TUNNELS DE SERNHAC

schéma n° 2, page 26

Voici une randonnée sans prétention qui permettra de visiter un des ouvrages titanesques réalisés par les Romains pour alimenter la ville de Nîmes en eau. L'aqueduc passait près de Sernhac dans de formidables tunnels. Nous visiterons également St-Bonnet et son église fortifiée romane construite avec les débris de l'aqueduc romain.

Temps : 1 h 15 mn.

Difficulté : Néant. P1-T1.

Dénivellation : 100 m.

VTT : Petits sentiers.

Carte : IGN n° 2941 est, Remoulins ; n° 2942 est, Beaucaire.

Recommandations :
Cette randonnée facile peut s'envisager en toute saison, prévoir peut-être des lampes pour mieux y voir dans les tunnels. Pas d'eau sur le parcours.

Accès :
De Nîmes, aller à Remoulins. Avant ce village, tourner à droite en direction de Beaucaire sur la D. 986. Prendre une petite route à droite en direction de St-Bonnet. Stationner sur le terre-plein après le chemin de fer.

Description de l'itinéraire :
Marcher vers le sud le long de la voie ferrée. Au sommet d'une petite côte, tourner à droite vers la colline. Atteindre d'anciennes carrières puis une sorte de cirque au milieu des murs taillés il y a bien longtemps. Se diriger vers la falaise la plus au sud avant les premières maisons du village. On distingue dans la roche un trou qui fait penser à une grotte, en fait, il s'agit de l'entrée des tunnels.
— 15 mn.
Ces galeries furent creusées par les Romains afin d'y faire passer l'eau destinée aux habitants de Némausus. Il existe de nombreux regards qui permettaient de vérifer le bon écoulement du liquide si précieux. Il est à remarquer l'absence totale de dépôts calcaires. Par contre, on peut distinguer sur les parois des cavités le niveau de l'eau.
Traverser les galeries. De l'autre côté, progresser vers le village. A un grillage, prendre à droite, passer sur les galeries encombrées de végétation puis descendre en direction des maisons. Au goudron, se diriger vers le sud pour retrouver le GR que l'on emprunte sur la droite. Monter à travers quelques maisons, gagner la colline, se fier aux jalonnements rouges et blancs.
Une capitelle et de nombreux murets embellissent la garrigue qui a malheureusement brûlée il y a quelques années. Au col, alors que l'on peut jouir des essences typiques de la région — thym, romarin, sauge, lavande, etc. — descendre vers l'ouest puis la droite. Dépasser un verger abandonné, atteindre un croisement, choisir la droite pour arriver à une croix. Aller vers l'église par un chemin bordé de cades.
— 50 mn.
Cette magnifique chapelle fortifiée fut élevée sur une colline dominant les plaines à l'ouest et à l'est. Magnifique vue sur la vallée du Rhône et Lédénon.
La visite de St-Bonnet est possible par la route de gauche. Pour terminer la randonnée, prendre à droite et descendre sur le goudron jusqu'aux véhicules.
— 10 mn.

Itinéraire n° 4

LES TROIS COLLINES DE ST-ROMAN

schéma n° 3, page 27

Site unique en Europe, Saint-Roman est une abbaye troglodyte datant du Ve siècle. Monastère puis forteresse au XVIe siècle, le site est très pitto-

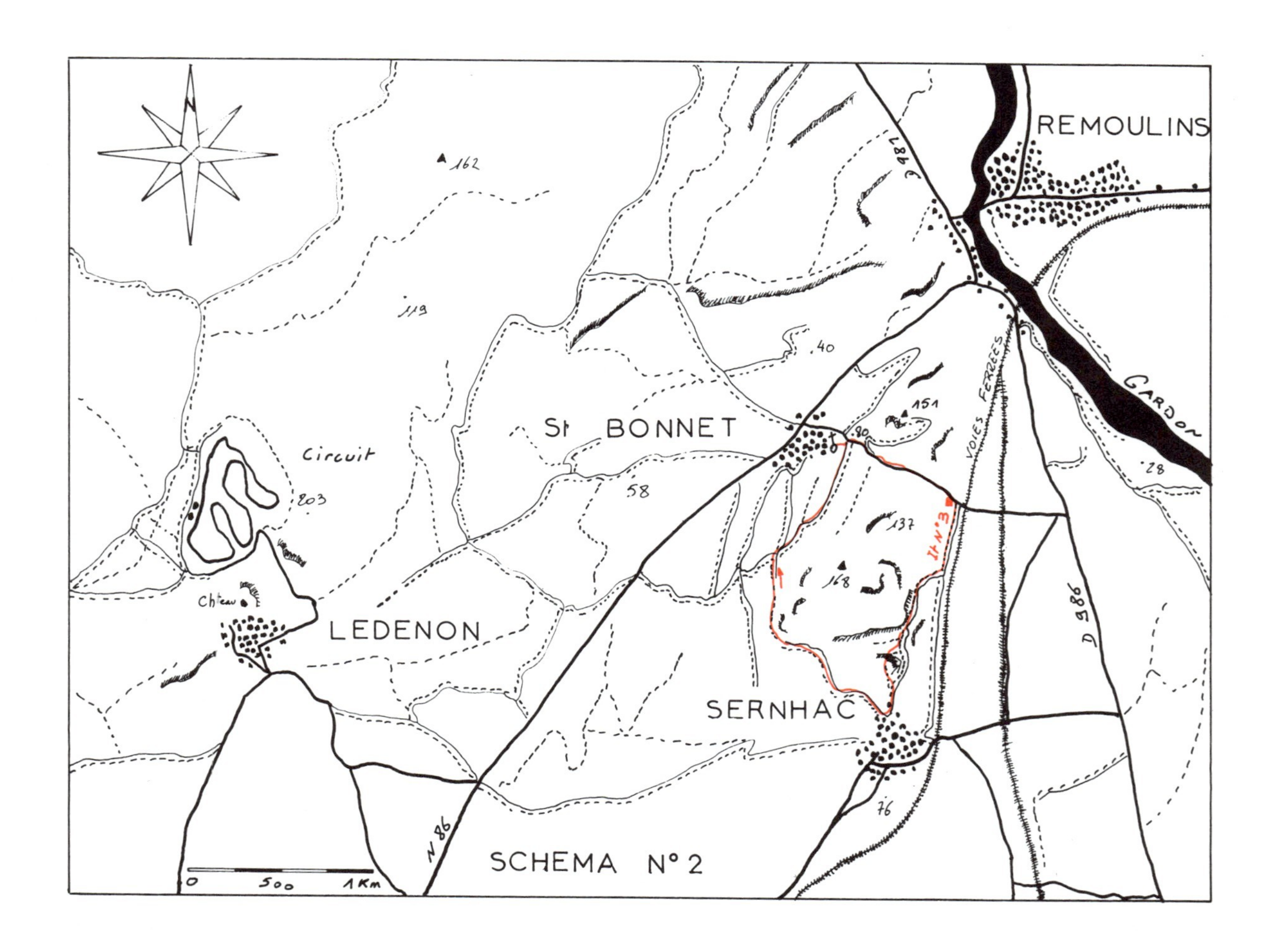
N
162
119
REMOULINS
D 981
GARDON
40
151
VOIES FERRÉES
St BONNET
90
28
Circuit
203
58
137
It N°3
118
D 986
Château
LEDENON
SERNHAC
76
N 86
SCHEMA N°2
0
500
1Km

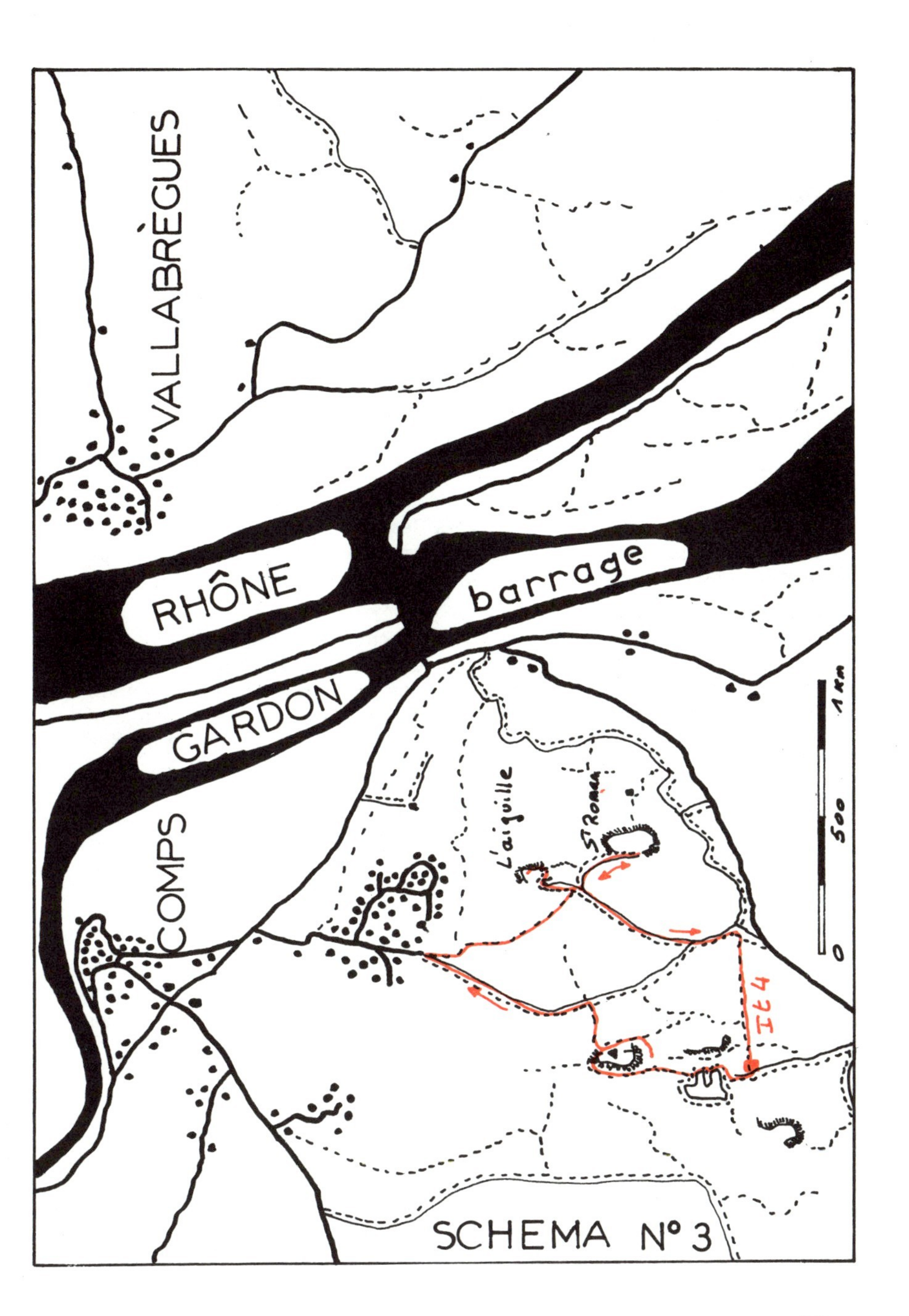
VALLABRÈGUES
RHÔNE
barrage
GARDON
COMPS
L'aiguille
St Roman
It 4
1 km
500
0
SCHEMA N° 3

resque. Vous pourrez découvrir entièrement les habitations et le monastère en suivant la visite guidée. Notre itinéraire permet d'explorer les trois collines si caractéristiques.

Temps : 1 h 30 mn sans la visite du monastère.

Difficulté : Sans problème. P1-T1.

Dénivellation : 170 m.

VTT : Très technique et raide, passages où l'on doit porter.

Carte : IGN n° 2942, Beaucaire.

Recommandations :
Cet itinéraire peut s'effectuer en toutes saisons, il faut cependant savoir que le site est extrêmement exposé au vent.
Deuxième point très important : vers le 10 février, tous les ans, est organisé le moto-cross international de Beaucaire sur le circuit, à cette occasion, le secteur est bouclé par le service d'ordre et le vacarme est infernal ; dès lors, mieux vaut randonner ailleurs.

Accès :
Depuis Nîmes, prendre la D. 999 vers Beaucaire, avant d'entrer dans la ville, emprunter à gauche la petite route de St-Roman. Stationner près du circuit de moto-cross.

Description de l'itinéraire :
Depuis le parking qui se trouve à l'est du circuit, longer la barrière protectrice en direction du nord. Monter jusqu'à l'extrémité nord-est de la piste où l'on emprunte une sente dans les pins. PR (vague tracé jaune).
Poursuivre la marche dans cette jolie pinède, préférer plusieurs fois la gauche, passer sur des dalles, monter au sommet de la colline où des roches ruiniformes vous attendent.
— 15 mn.
Quelques vestiges d'habitations sont envahis par les ronces. Contourner les rochers par la gauche, passer sur le côté opposé. Pour accéder au plateau supérieur, suivre le PR jusqu'à un grand pin (point jaune sur un rocher). De là, par de grossières marches, atteindre le point culminant (passage facultatif ; attention aux enfants).
Du sommet, se dégage une très belle vue sur l'abbaye et la cuvette nîmoise. Au mois d'avril, les arbres de Judée embellissent le monastère de leurs éclats mauves.
Entreprendre la descente par un petit sentier escarpé se trouvant au nord-est du bastion rocheux. Passer au travers de quelques pins, dégringoler jusque dans la combe où l'on vient buter sur un large chemin que l'on emprunte à gauche. Gagner ainsi l'aqueduc qui alimentait, il y a encore peu de temps, la ville de Nîmes en eau potable.
— 15 mn depuis le rocher.
Peu après, grimper sur la droite pour arriver en haut de l'aqueduc, suivre à droite les marques jaunes du PR. Incliner la marche vers le sud (GR et PR). Prendre à gauche un sentier empierré. Attention à ne pas le rater, il est vraiment très peu visible. Monter vers l'aiguille, deuxième sommet de notre balade, par un magnifique sous-bois de chênes.

Remarquez au passage une borne sur laquelle deux traits incrustés indiquent la direction des emplacements des bornes voisines. Bien évidemment, il s'agit des limites du territoire de l'abbaye de St-Roman.
Arrivés sur une large voie, choisir la gauche pour accéder à l'aiguille. Au bout du chemin, s'élever par une sente, passer dans un tunnel en prenant garde de ne pas tomber dans une sorte de puits, accéder au plateau sommital par un petit pas facile dans les rochers. Gagner la table d'orientation.
— 20 mn depuis l'aqueduc.
Vaste panorama sur la vallée du Rhône. La majestueuse courbe du fleuve est malheureusement enlaidie par l'usine EDF.
Par temps clair, on arrive à voir le Palais des Papes à Avignon. Côté opposé, St-Roman est magnifiquement perché sur son promontoire boisé.
Descendre au monastère par le même chemin puis en suivant les panneaux indicateurs.
— 10 mn.
La visite de l'abbaye nous semble indispensable, vous y découvrirez d'immenses salles troglodytes, des sépultures romaines, des cellules de moines, une chapelle et bien d'autres merveilles.
Le large chemin aménagé pour la visite des lieux permet de gagner un vaste parking. Peu avant celui-ci, emprunter un sentier à droite, incliner la marche vers l'ouest en direction de deux pylones EDF. Après une petite côte, il suffit de rejoindre les voitures.
— 15 mn.

Itinéraire n° 5
LE MONT AIGU
schéma n° 4, page 30

Cette petite colline surmontée d'un chaos rocheux lui-même surmonté d'une statue de la Vierge est à découvrir car le rocher — du Gneis — est très rare dans la région. Trouée de toutes parts, la masse rocheuse fut un abri à l'époque moustérienne. Parcourir ces méandres est très amusant, nous visiterons d'autres rochers isolés mais néanmoins insolites ainsi que des zones où les ocres sont abondantes.

Temps : 2 h.

Difficulté : Facile. P1-T1.

Dénivellation : 200 m.

VTT : Courts passages plus techniques.

Carte : IGN n° 2941 ouest, Uzès ; n° 2941 est, Remoulins.

Recommandations :
Randonnée facile sans problème si ce n'est la chaleur les jours d'été.

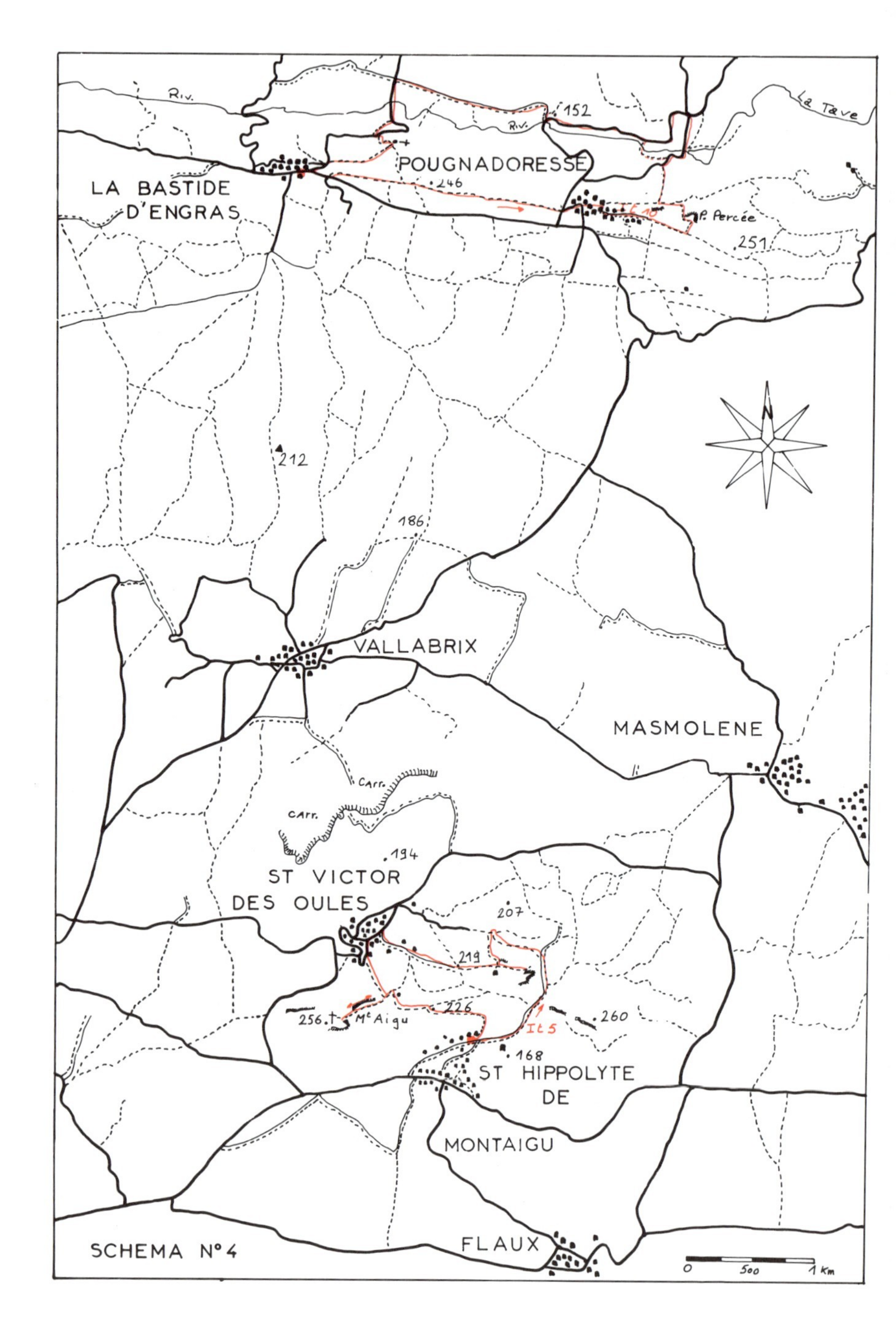

Riv.
152
La Tave
Riv.
POUGNADORESSE
LA BASTIDE
D'ENGRAS
246
It 10
P. Percée
251
N
212
186
VALLABRIX
MASMOLENE
Carr.
Carr.
194
ST VICTOR
DES OULES
207
219
256
Mt Aigu
226
260
It 5
168
ST HIPPOLYTE
DE
MONTAIGU
FLAUX
SCHEMA N°4
0
500
1 Km

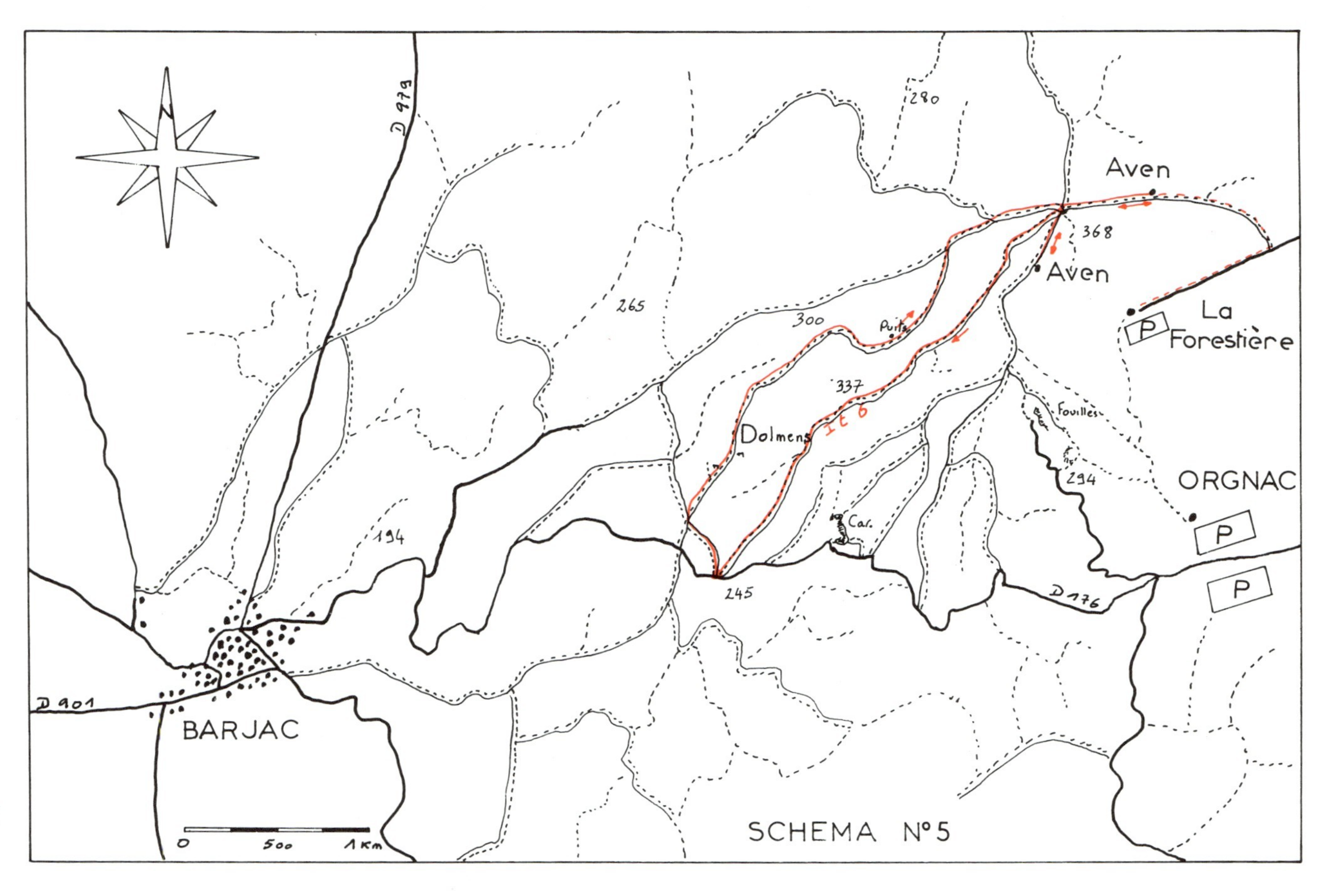

D 979
280
Aven
368
Aven
La Forestière
P
265
300
Puits
337
It 6
Dolmens
Fouilles
294
ORGNAC
P
P
Car.
194
245
D 176
D 901
BARJAC
0
500
1 Km
SCHEMA N°5

Accès :
D'Uzès, prendre la D. 982 jusqu'à St-Hippolyte-de-Montaigu. Avant de pénétrer dans le village, tourner à gauche. Stationner le long du chemin en prenant bien soin de laisser le passage pour d'éventuels camions.

Description de l'itinéraire :
Marcher vers l'est sur cette large voie, dépasser une ferme sur la droite, décrire une vaste courbe vers la gauche. Au second carrefour, choisir la gauche, progresser dans une combe sur un chemin moins large, contourner une colline, se diriger vers l'ouest. Peu après avoir pris pied sur le goudron, tourner à gauche sur un sentier herbeux qui mène à une vigne, la contourner par la droite. Monter vers un énorme bloc rocheux faisant songer à une main qui ferait le signe du « V » de la victoire.
— 40 mn.
Tourner vers l'est derrière le rocher, monter dans la colline puis redescendre légèrement, incliner la marche vers le sud-est, on découvre alors un énorme bloc rectiligne en équilibre instable sur un socle rocheux : le Roc Fourquat.
On peut atteindre cette sculpture naturelle en traversant une magnifique chênaie, on s'aperçoit alors que le côté sud de la pierre forme un formidable dévers que même les meilleurs escaladeurs seraient bien incapables de gravir.
Revenir sur ses pas jusqu'au bloc du « V » de la victoire.
— 20 mn aller-retour.
Continuer tout droit sur un bon chemin vers l'ouest jusqu'au village de St-Victor-des-Oules, fabrique de tuiles et de poteries à l'époque romaine.
— 25 mn.
Prendre deux fois à gauche, descendre au bas du bourg, dépasser le magnifique château pour emprunter le chemin de la Madonne qui monte tout droit dans une pente assez sévère. On arrive à proximité d'une croix sur une ligne de crêtes, aller à droite pour atteindre le sommet du Mont-Aigu.
— 35 mn.
Jolie vue sur les plaines alentour ainsi que sur Uzès et le Mont Bouquet. Il est possible de faire le tour du rocher, de jolis passages dans des tunnels rocheux sont même envisageables.
Revenir sur ses pas, gagner la petite croix, continuer vers l'est jusqu'à un réservoir d'eau. Descendre alors à droite, traverser une zone d'ocres, se rendre par une voie escarpée à St-Hippolyte.
— 20 mn.

Itinéraire n° 6

LES DOLMENS ET LES AVENS DE BARJAC

schéma n° 5, page 31

A l'est de Barjac, se cachent de sympathiques dolmens. Nous sommes tout proche des fameux avens d'Orgnac et de La Forestière, nous en

La cascade des petites Aiguières

Le chemin de l'ermitage lors d'une crue

profiterons pour visiter deux trous plus modestes mais néanmoins intéressants. La balade assez courte pourra se compléter avec la visite des deux avens et du musée cavernicole de La Forestière.

Temps : 2 h.

Difficulté : Facile. P1-T1.

Dénivellation : 130 m.

VTT : Sans problème.

Carte : IGN n° 2939 5-6, Bourg St-Andiol.

Recommandations :
Randonnée sans aucune difficulté se déroulant sur de bons chemins. Faire tout de même attention aux abords de l'aven du Colombier. La visite d'Orgnac ou de La Forestière est fortement recommandée.

Accès :
Gagner Barjac par Bagnols ou Méjannes-le-Clap, emprunter la D. 176 en direction d'Orgnac. Stationner à la borne en pierre indiquant les dolmens.

Description de l'itinéraire :
Prendre le bon chemin vers le nord pour retrouver les traces jaunes du PR. Tourner à droite. On atteint assez vite le premier dolmen dont la table a malheureusement basculé.
— 10 mn.
Poursuivre la randonnée sur cette large voie pour apercevoir un deuxième monument 20 m plus loin. Peu après, un autre témoin de l'histoire ancienne borde le chemin dans une courbe. Marcher ainsi jusqu'à un puits se démarquant sur la gauche.
— 20 mn.
La balade s'effectue depuis le début sur un terrain de garrigue où chênes verts et blancs vivent en harmonie avec les buis. Après les dolmens, de jeunes cèdres forment une haie champêtre amenant un peu de fraîcheur et de solennité dans ce paysage de sécheresse.
Continuer la promenade jusqu'à un carrefour multiple où il faut aller à droite sur le DFCI K5. On accède ainsi à un plateau que l'on traverse vers l'est pour rejoindre un autre croisement important.
— 20 mn.
De là, plusieurs possibilités s'offrent à vous :
En prenant le chemin de gauche, DFCI K3, on va jusqu'à l'aven de La Forestière, grotte préhistorique, en passant près d'un aven.
On peut effectuer l'aller-retour en 20 mn, mais il faut quand même prendre le temps de regarder le musée et pourquoi pas visiter la grotte de La Forestière, complément historique important pour comprendre la formation de ces avens.
Du grand carrefour, si l'on va sur le DFCI K7, il suffit de faire 250 m pour apercevoir un remarquable aven, celui du Colombier, où de nombreuses concrétions, colonnes et autres draperies sont éclairées par les éclats de la très belle roche. Les plus sportifs pourront descendre dans le trou qui malheureusement n'ouvre sur aucune autre cavité. Faire demi-tour et

poursuivre la randonnée en prenant le DFCI K3 vers le sud (à gauche en venant du Colombier).
Au printemps, un tapis bleuté de filantes de Montpellier et des argelas, véritables bouquets d'or, embellissent ce paysage aride. Petit à petit, la vue s'élargit au plateau de Méjannes, au mont Bouquet, et aux Cévennes.
Descendre tout en admirant le panorama jusqu'à la route où l'on retrouve les véhicules.
— 40 mn.

Itinéraire n° 7
LE GOUFFRE DES ESPÉLUGUES
schéma n° 6, page 35

Ce petit itinéraire sans difficulté n'est pas à négliger, il permet de passer un bel après-midi. L'impressionnant gouffre des Espélugues est assez difficile d'accès, les personnes qui désirent le visiter devront redoubler d'attention. Idéal pour la course à pied ou le vélo tout terrain.

Temps : 2 h 20 mn.

Difficulté : Facile sauf pour le gouffre (facultatif). P1-T1.

Dénivellation : 100 m.

VTT : Facile en évitant le ravin de Fougeras.

Carte : IGN n° 2841 est ; n° 2842 est.

Recommandations :
Pour visiter la grotte, il faut prévoir une lampe. Attention aux enfants aux abords du gouffre.

Accès :
Depuis Nîmes, emprunter la route d'Alès puis la route départementale 225 en direction de Dions. Dans le village, stationner à proximité d'un restaurant sur les bords du Gardon.

Description de l'itinéraire :
Monter au village par la rue du Puits-Neuf ; au passage, remarquer une tour sur laquelle deux plaques indiquent : l'une, la hauteur d'une crue mémorable, l'autre, la voie menant au gouffre des Espélugues.
Longer le mur d'enceinte du magnifique manoir du village, après la rue du Château, prendre à gauche la rue du Moulin-à-Vent. Traverser tout le village vers l'est par des venelles, ensuite emprunter à droite la rue Espéluca. Au sommet de la côte, on rejoint le GR, suivre les jalonnements sur la large voie de droite. Traverser une route, poursuivre sur le chemin jusqu'à un carrefour.
— 35 mn depuis le départ.

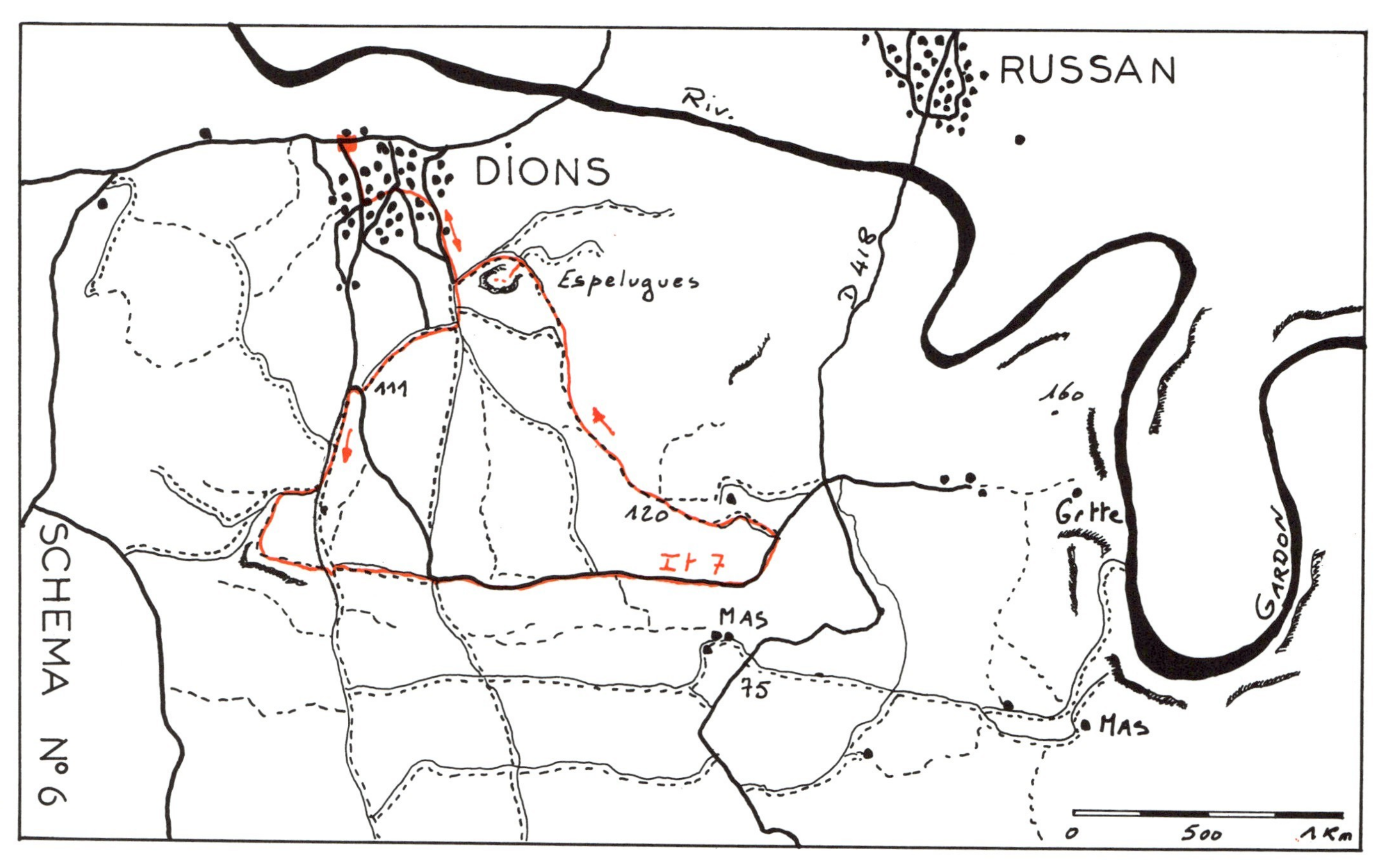
RUSSAN
Riv.
DIONS
Espelugues
D 418
111
160
120
It 7
Grtte
GARDON
MAS
75
MAS
0
500
1 Km
SCHEMA N° 6

Peu avant ce croisement, le GR mène au ravin de Fougeras. Emprunter le chemin de grande randonnée en descendant sur la droite. Passer à proximité d'une maison, laisser le GR tout de suite après pour descendre à gauche par un sentier qui longe la clôture de la propriété. Au fond de la combe, remonter un petit ruisseau souvent à sec. Si c'est le cas, guidez-vous en marchant dans le lit asséché, sinon, il faut progresser sur la gauche ; la sente minuscule remonte puis dégringole à travers les bruyères géantes jusqu'aux ocres. Le passage peut être en zone très dense.
Ces terres rouges comparables à celles de la région d'Apt en Vaucluse sont beaucoup plus sauvages ici. Les pins prolifèrent et sont grandioses ; en effet, ils apprécient beaucoup ces sols riches en silices.
Gagner le fond du ravin, on finit par rencontrer un chemin qui monte allègrement sur la gauche (cairn). Au sommet, on retrouve la large voie carrossable. Se diriger vers la gauche, faire 50 mètres puis tourner à droite.
— 30 mn pour ce petit détour que l'on peut éviter en continuant tout droit au lieu d'emprunter le GR.
Il serait tout de même dommage de rater les magnifiques couleurs du ravin de Fougeras.
Se diriger vers l'est en passant au milieu des vignobles, on rejoint une route peu après. Marcher sur l'asphalte, la voie en mauvais état monte légèrement puis s'incline vers le nord.
Jolie vue sur les collines environnantes et sur une verdoyante vallée.
Peu avant le sommet de la côte, on retrouve le PR. Prendre un chemin à gauche, passer sous le mas d'Eyrolle.
— 40 mn depuis le ravin de Fougeras.
Le chemin se rétrécit, continuer vers le nord-ouest le long d'un champ puis dans la garrigue (PR balisage jaune). Traverser des bois et des terres en friche.
Ces lieux, particulièrement reculés, contrastent avec la première partie de notre itinéraire. En passant un ruisseau, vous risquez d'apercevoir des plastiques d'usage agricole accrochés aux branches. Cette lamentable pollution doit se transformer en décor fantomatique la nuit. Mieux vaut passer par ici en plein jour.
Remonter sur la colline, suivre le PR à droite. Au sommet de la côte, on découvre l'impressionnant gouffre des Espélugues.
— 25 mn depuis le mas d'Eyrolle.
Les personnes qui désirent entreprendre la descente doivent obligatoirement le faire par ce côté. Pour arriver au fond du gouffre, il faut être très prudent, un petit passage demande un peu plus d'attention. Le magnifique décor tropical, que l'on découvre en bas, récompense les randonneurs. L'ambiance, grandiose par beau temps, devient dantesque les jours de pluie.
— 45 mn aller-retour pour la visite du gouffre (T3).
Sur le plateau, contourner l'énorme cratère par la droite. Magnifique vue, au nord, sur le Gardon et le mont Bouquet.
Descendre au village par la route de droite. Rejoindre les véhicules en dix minutes.

Itinéraire n° 8

LE PONT DU GARD

schéma n° 7, page 38

Voici donc l'itinéraire incontournable, le pèlerinage au fameux pont romain qui fait la gloire de tout le département. Il faut rappeler que cet ouvrage titanesque alimentait en eau potable, la ville de Nîmes. Les eaux recueillies à la fontaine d'Eure d'Uzès étaient acheminées jusqu'à Nîmes par un aqueduc d'une cinquantaine de kilomètres. Des ponts et des tunnels franchissaient les obstacles naturels comme ici le Gardon.
Longs de 275 m et haut de 49, les trois étages de cet imposant monument restauré au XIXe siècle, ont émerveillé nombre de poètes, comme notamment Mistral ou Prosper Mérimée.
La restauration du siècle dernier ordonnée par Napoléon III s'est effectuée à l'initiative de Mérimée.

Temps : 2 h 15 mn.

Difficulté : Quelques passages broussailleux et un peu de recherche d'itinéraire. P1-T1.

Dénivellation : 100 m.

VTT : Dangereux sur le pont, délicat en sous-bois.

Carte : IGN n° 2941 est, Remoulins ; n° 2942 est, Beaucaire.

Recommandations :
Plusieurs passages sont en zone broussailleuse, prévoir donc des pantalons longs et de bonnes chaussures. Par grand vent, il est totalement déconseillé de traverser le pont du Gard par la dalle sommitale. Attention aux enfants lors de cette traversée. Eviter la foule est presque impossible, peut-être les jours de tempête...

Accès :
De Remoulins, prendre la D. 981 en direction du pont romain, stationner contre la clôture du terrain de golf. Attention aux vols : l'été, il existe un parking gardé, un peu plus loin.

Description de l'itinéraire :
Le départ se situe derrière la chaîne de l'autre côté de la route. Suivre le vallon sur un bon chemin curieusement recouvert de sable. Une petite barre rocheuse à droite offre un circuit de blocs d'escalade. Dans un virage à gauche, prendre à droite un sentier qui monte vers un énorme rocher. Grimper dans un sous-bois jusqu'à la mine. La galerie permet de découvrir quelques-uns des instruments de travail ainsi que les rails des wagonnets. Attention à ne pas trop s'y enfoncer : danger d'effondrement. Reprendre la marche vers la gauche pour arriver à la grotte Sartanette. Prendre bien garde au trou béant sur la droite : danger, attention aux enfants.
— 15 mn depuis le départ.

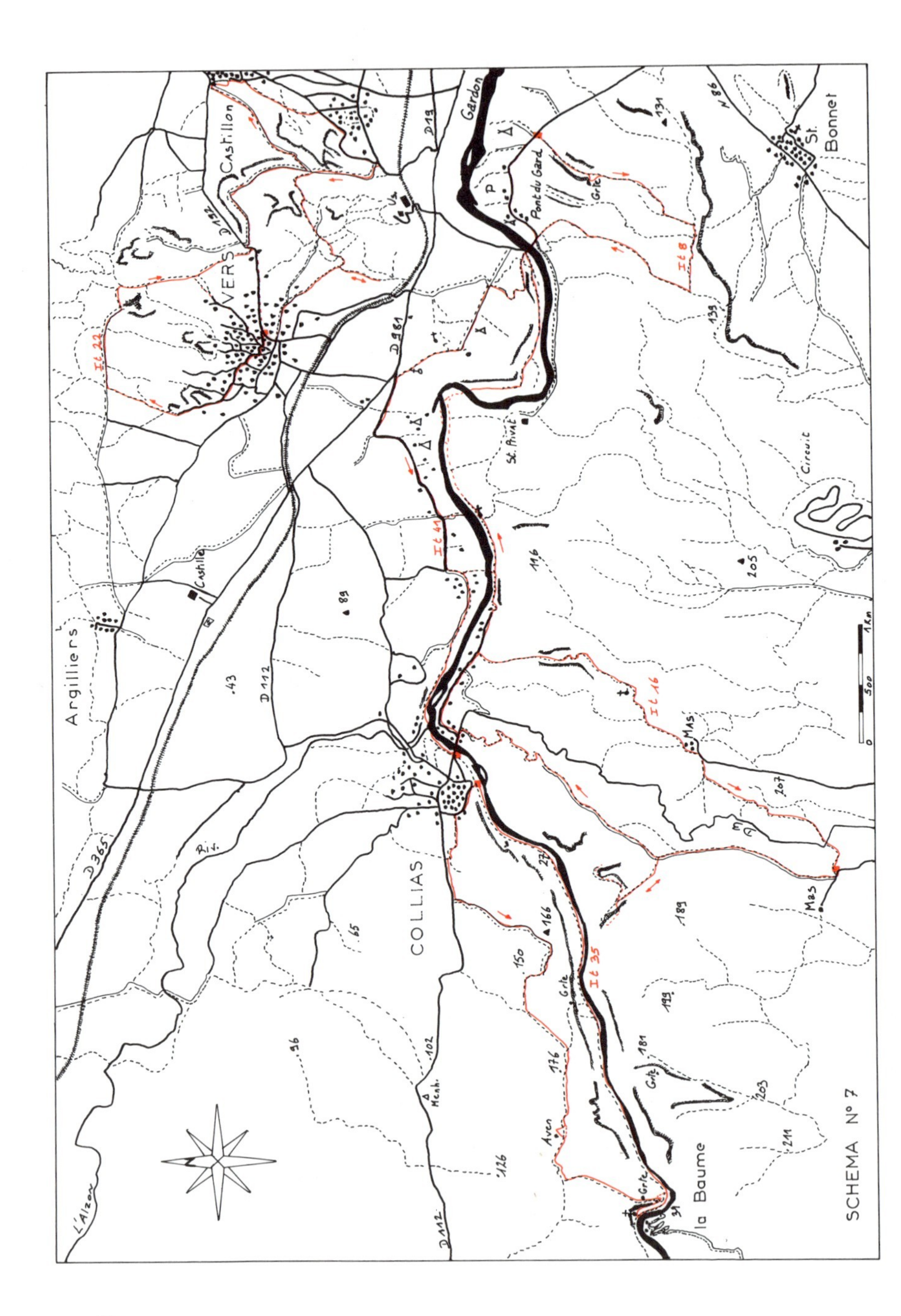
Argilliers
Castillon
VERS
COLLIAS
Gardon
Pont du Gard
St. Bonnet
St. Privat
la Baume
L'Alzon
D 365
D 112
D 981
D 19
N 86
It 22
It 41
It 16
It 35
It 8
Mas
Aven
Circuit
0
500
1 Km
SCHEMA N° 7

Il existe d'autres galeries un peu plus haut, on peut même accéder au plateau sommital d'où l'on a une belle vue sur la vallée. Retourner à la grotte, prendre le premier chemin à droite, longer une petite barre rocheuse et descendre sur un sentier mal entretenu jusqu'aux vestiges romains. Passer sur le pont, retrouver un bon chemin. Il s'agit bien évidemment d'une petite partie de l'aqueduc romain prolongeant le pont du Gard.
— 10 mn.
Continuer sur ce chemin qui rétrécit puis qui devient un petit sentier, parmi le houx et les buis. S'enfoncer dans une magnifique forêt de chênes, on arrive ainsi à une mare, abreuvoir aux sangliers.
— 20 mn.
Peu avant celle-ci, passer à droite. Par une sente qui serpente parmi le houx, gagner une zone de végétation moins dense, monter au sommet de la colline. Par la gauche, on retrouve assez vite un bon chemin. En admirant les nombreuses cystes, approcher des falaises, tourner à droite en direction d'une cuve servant de citerne incendie. Jolie vue sur St-Bonnet-du-Gard et son église médiévale au sommet du village.
— 15 mn depuis la mare.
Marcher vers l'ouest, au premier carrefour, choisir la droite, suivre les jalonnements GR et PR. S'enfoncer dans le sous-bois, descendre dans une forêt de buis. Attention au gouffre sur la gauche peu avant les vestiges romains. Passer un tunnel pour déboucher au sommet du pont du Gard.
— 30 mn.
Traverser le pont soit dans la galerie soit au-dessus.
Si vous choisissez la conduite, vous pourrez admirer les dépôts calcaires. Il semble incroyable que l'eau puisse créer de tels murs rocheux, pourtant il est même possible de distinguer les arrêts de fonctionnement de l'aqueduc, arrêts qui se caractérisent par une rupture dans l'épaisseur calcaire. En effet, lors des sièges de la ville de Nîmes, la première chose décidée par les envahisseurs était d'assoiffer les Nîmois. Pour cela, rien de plus simple, on coupait l'eau ici !
Emprunter les escaliers, descendre jusqu'à la route. A droite, un bien sympathique jardin botanique attend votre visite, gagner les bords du Gardon sur une plage de galets. Retourner à la route, traverser la rivière, se diriger vers les boutiques de souvenirs.
— 30 mn.
On peut admirer la grotte de la Salpétrière, abri préhistorique. Par la route, retrouver les véhicules.
— 15 mn.

Itinéraire n° 9

LE VILLAGE DE MONTCLUS

schéma n° 8, page 42

Situé au bord de la Cèze, sur une éminence ayant forcé la rivière à une boucle majestueuse, le village attire tout de suite l'œil. Le château et les

vieilles bâtisses ont gardé un air authentique, ces lieux reculés n'ont pas encore été récupérés par le tourisme sauvage motivé par l'appât du gain avant toute autre considération.
Cette sympathique randonnée permettra de visiter le magnifique village ainsi que les garrigues environnantes, les rives de la Cèze et une impressionnante falaise.

Temps : 2 h.

Difficulté : Aucune. P1-T1.

Dénivellation : 200 m.

VTT : Descente un peu technique.

Carte : IGN n° 2940 ouest, Lussan.

Recommandations :
Eviter les heures chaudes de l'été, prévoir de l'eau.

Accès :
De Bagnols-sur-Cèze, emprunter la D. 980 ; de Nîmes mieux vaut passer par Méjannes-le-Clap puis la D. 167 qui permet de rejoindre la route de Montclus. Stationner sur un chemin à gauche après l'embranchement qui conduit à Bernas et juste avant le double parapet au bord de la route.

Description de l'itinéraire :
Emprunter le goudron en direction de Montclus. Entre les deux murets, faire très attention aux voitures. Ensuite, aller à gauche puis tout de suite à droite sur une voie bétonnée. Passer devant un magnifique mas restauré, on arrive vite à la route. Continuer sur la gauche puis choisir la droite pour descendre à la Cèze. Avant de franchir le pont, on peut jouir d'une magnifique vue sur le village. Traverser la rivière puis le camping.
— 25 mn.
Marcher sur la route à gauche puis emprunter le DFCI L11 ; au carrefour, incliner la marche vers le sud. Passer une étrange formation de terres ocres qui fait penser aux rimayes que l'on trouve sur les glaciers aux ruptures de pentes. Sur le plateau, on atteint la grange de Roudil. Il y a longtemps que les bergers ont laissé la place aux touristes, dure réalité économique et sociale !
— 30 mn.
Passer devant le mas, poursuivre sur le chemin principal puis à gauche sur le DFCI L8. Le chemin tourne légèrement au nord, prendre alors à gauche dans une zone partiellement déboisée (cairns). On aperçoit le village en contrebas.
Descendre, passer un petit muret, traverser d'anciennes terres cultivées pour arriver sur une sente minuscule (jusqu'alors, il n'y avait aucune trace de sentier). Emprunter cette sente en direction d'un mur partiellement ruiné, tourner à droite pour descendre dans les bois. Le chiffre « 6 » sur un panneau bleu lui-même épinglé sur un chêne indique la voie à suivre. On trouve ensuite un meilleur chemin jusqu'au bas de la colline où l'on emprunte une voie carrossable vers la gauche. Retourner au pont, le franchir à nouveau, monter au village.
— 40 mn.

Traverser le bourg en admirant les rues pittoresques et les magnifiques maisons de pierres, passer sous des voûtes puis, par des ruelles, gagner la place du village. Descendre alors vers la Cèze. Aller vers l'est en marchant au bord de l'eau sur des galets puis dans des champs en friche, enfin sur de bons chemins et sentiers. Arrivés à des buttes de limon, prendre le chemin de droite dans les peupliers, continuer la marche vers l'est, se diriger vers la falaise. Là, vous pouvez admirer les roches et une étrange façade de maison à même la roche au creux d'une baume.
— 25 mn.
Remonter par le bon chemin jusqu'aux véhicules où l'on peut profiter d'une ultime vue sur la Cèze en se dirigeant au bord de la falaise.

Itinéraire n° 10
LA VALLÉE DE LA TAVE
schéma n° 4, page 30

Cette rivière, qui prend sa source près de Fontarèches et se jette dans la Cèze juste avant que celle-ci ne se perde à son tour dans le Rhône, traverse une plaine paisible où elle irrigue les terrains agricoles. Nous marcherons sur le plateau entre La Bastide et Pougnadoresse, ensuite nous longerons la rivière de retour.

Temps : 2 h 30 mn.

Difficulté : Aucune. P1-T1.

Dénivellation : 100 m.

VTT : Passage court et raide sous la chapelle.

Carte : IGN n° 2941 est, Remoulins ; n° 2941 ouest, Uzès.

Recommandations :
Randonnée facile, éviter les jours trop chauds.

Accès :
Depuis Uzès puis St-Quentin-la-Poterie, gagner la D. 23 en direction de St-Laurent-la-Vernède. Tourner à droite vers La Bastide-d'Engras, stationner dans le village à proximité de l'église.

Description de l'itinéraire :
Sortir du village par l'est, prendre à gauche un chemin qui passe dans un vaste pré abandonné puis en forêt. Traverser le magnifique bois où quelques cèdres côtoient les pins. Continuer en longeant des champs cultivés, marcher toujours tout droit jusqu'à Pougnadoresse dont l'étymologie signifie : « Pays de durs combats ».
— 25 mn depuis le départ.
Traverser le bourg en admirant l'église et le château, prendre la direction du restaurant « le Fou du Roi ».

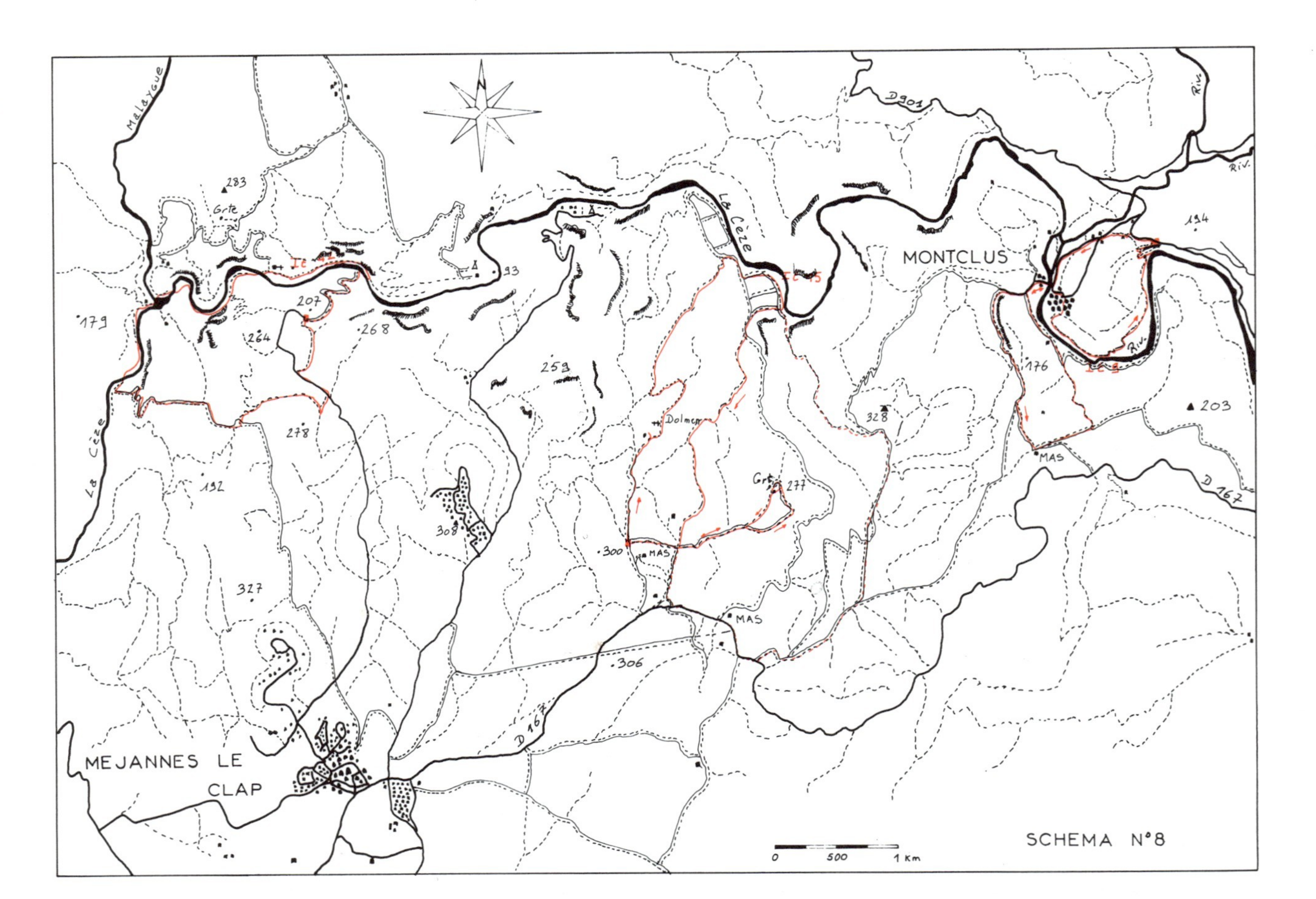
SCHEMA N°8
MONTCLUS
MEJANNES LE
CLAP
La Cèze
Malaygue
D 901
D 167
Riv.
MAS
Dolmen
Gîte
283
179
207
264
268
93
259
278
192
308
327
300
306
277
328
176
134
203
0
500
1 Km

Passer devant une ferme aux bonnes odeurs de bergerie (?), progresser vers l'est. Dans une magnifique chênaie, après de petits blocs rocheux, tourner à gauche pour visiter la « pierre percée ». Suivre les jalonnements bleus.
— 15 mn.
Cet ensemble constitué de plusieurs blocs disposés en équilibre instable est amusant à parcourir de part en part. Curieusement les rochers pesant des centaines de tonnes n'ont pas dégringolé, pourtant il semblerait logique que ce château de cartes s'écroule un jour ou l'autre. Il est à remarquer que nous ne sommes plus en présence de calcaire mais d'une sorte de gneiss, roche assez rare dans la région.
Reprendre la randonnée en revenant légèrement sur ses pas puis en s'enfonçant sur une petite sente qui descend la colline vers le nord. Le départ de ce sentier est à l'ouest du rocher. Dévaler la colline en passant sous les châtaigniers, eux aussi très rares par ici ; après cette descente ombragée, on trouve un bon chemin. L'emprunter sur la gauche jusqu'à un énorme bloc rocheux. Tourner alors à droite, pour gagner les bords de la Tave. A la route, continuer sur la droite puis le nord.
— 35 mn.
Là, deux solutions sont envisageables, soit marcher sur la route, traverser la rivière puis tourner à gauche, soit longer la Tave rive droite puis rive gauche jusqu'à une petite cascade où l'on monte pour atteindre la route. La seconde solution, bien plus amusante, présente quelques petites difficultés ; marcher à vue au bord de l'eau, traverser le ruisseau à gué.
D'une façon ou d'une autre, on retrouve la D. 166 que l'on emprunte vers l'ouest jusqu'au croisement coté 152 (la départementale traverse alors à nouveau la Tave). Prendre à droite vers le nord, suivre cette route minuscule vers l'ouest.
A l'aplomb de la chapelle St-Jean, choisir, la gauche en direction du monument ruiné. Dans le virage à gauche, passer sur un sentier à droite, on arrive assez vite à un lavoir.
— 40 mn.
Continuer à monter ; une fois sur la route, tourner à gauche et, dans une courbe assez large, emprunter une sente qui permet de gagner la chapelle par une pente escarpée.
— 15 mn.
Une magnifique vue sur la vallée de la Tave récompense des efforts de l'ascension. Le quadrillage des champs disposés alentour de la ligne de verdure créée par la rivière forme un paysage romantique au pied de cette vieille chapelle qui garde un air imposant malgré l'effondrement de son toit.
Reprendre la randonnée vers le sud-ouest sur un petit sentier qui longe des cerisiers puis s'enfonce dans un sous-bois. Monter en direction de La Bastide-d'Engras. Gagner le village sans autre difficulté.

Itinéraire n° 11

LA CÔTE D'ALLÈGRE

Schéma n° 9, page 46

Situé à l'extrême nord du massif du mont Bouquet, un ensemble de falaises barre le paysage. La côte d'Allègre en est l'élément le plus imposant, elle supporte une chapelle d'origine carolingienne et un château totalement ruiné. Voilà donc matière à excursion d'autant plus que le sympathique défilé d'Argensol offre un intérêt supplémentaire.

Temps : 2 h 30 mn.

Difficulté : Aucune. P1-T1.

Dénivellation : 230 m.

VTT : Sans problème sauf sur les crêtes peut-être.

Carte : IGN n° 2840 est, St-Ambroix.

Recommandations :
Eviter les fortes chaleurs de l'été, prévoir de l'eau.

Accès :
La Bégude, village du point de départ de notre itinéraire, se joint depuis Alès par la route de Bagnols-sur-Cèze puis la départementale 7 qui passe à Brouzet-les-Alès. S'engager vers l'est sur le chemin DFCI. Stationner le long de la voie en prenant bien soin de laisser un passage pour les camions des pompiers.

Description de l'itinéraire :
Suivre la piste le long du ruisseau, on arrive vite près de gours creusés par l'eau. Ce défilé d'Argensol est formé de mini-cascades, marmites et vasques miniatures. A la sortie des gorges, passer sur un petit pont en pierre, poursuivre sur la large voie. Un peu plus loin, dépasser une maisonnette dans un écrin de végétation. Continuer vers l'est, laisser un chemin sur la droite pour arriver à la citerne d'Argensol. Là, s'engager sur la voie de gauche (emprunter le chemin le plus proche du lit du torrent).
— 20 mn depuis le départ.
Suivre le ravin de Serre-Fourré, la vue sur la côte d'Allègre surmontée de la chapelle St-Saturnin se précise. Le chemin s'élève et on peut apercevoir une magnifique arche naturelle dans le prolongement de la falaise. On arrive ainsi à la route.
— 30 mn.
La traverser, continuer sur la piste de gauche en direction d'un pan de mur ruiné. Incliner la marche vers la colline au nord, grimper jusqu'à un col sur une voie qui devient assez raide. Vue sur Salindres, les Cévennes et le mont Bouquet au sud.
— 15 mn.
Ne pas aller à droite mais s'engager dans les fourrés sur un sentier à gauche (tracé vert). Suivre la ligne de crêtes, progresser vers l'ouest en passant sur des rochers et par des sous-bois de chênes. Belle vue sur la

plaine de St-Ambroix au nord. On atteint un col où une sente permet d'aller au pied de la falaise pour admirer quelques voies d'escalade. Reprendre la marche, on arrive à des ruines puis, après avoir traversé une vaste pelouse, à la chapelle St-Saturnin.
— 30 mn.
Au printemps, des gueules de loup et des iris tapissent la falaise en contrebas.
La chapelle, vraisemblablement restaurée par quelques ecclésiastiques plus soucieux du culte que de l'architecture, n'a plus rien de commun avec l'édifice initial.
Reprendre la marche vers l'ouest par le bon chemin qui descend. Dans un virage à droite, suivre un sentier qui se dirige vers les ruines du château.
Ces pans de murs disséminés sur une vaste surface ne peuvent guère indiquer quelle était la structure de ce castelas. Remarquer contre un mur la trace d'un lierre sur les pierres.
Traverser le site en admirant les porches, caves, ogives qui subsistent çà et là. Après un magnifique lierre accroché à un mur, descendre à l'extrême sud-ouest vers le mas d'Allègre.
S'engager sur la voie au milieu des bâtiments ; peu après, un sentier le long d'une clôture indique le chemin à suivre. Au carrefour choisir la sente de droite pour retrouver le vallon et le défilé d'Argensol. Regagner les véhicules.
— 55 mn.

Itinéraire n° 12
LA CHARTREUSE DE VALBONNE
schéma n° 10, page 47

Fondée en 1203 par l'évêque d'Uzès, Guillaume de Vénéjean, la Chartreuse de Valbonne, nichée au creux d'un paisible vallon, est très prisée des promeneurs dominicaux.
Les bâtiments ont été reconstruits au XVIIe siècle après les destructions dues aux guerres de religion. Plus tard, la chartreuse fut transformée en sanatorium pour maladies tropicales. Ce petit parcours sans prétention qui emprunte largement le PR et le sentier botanique permet de passer une agréable journée automnale.

Temps : 2 h 45 mn.

Difficulté : Aucune. P1-T1.

Dénivellation : 190 m.

VTT : Attention de ne pas gêner les promeneurs sur le sentier botanique.

Carte : IGN n° 2940 est, Bagnols.

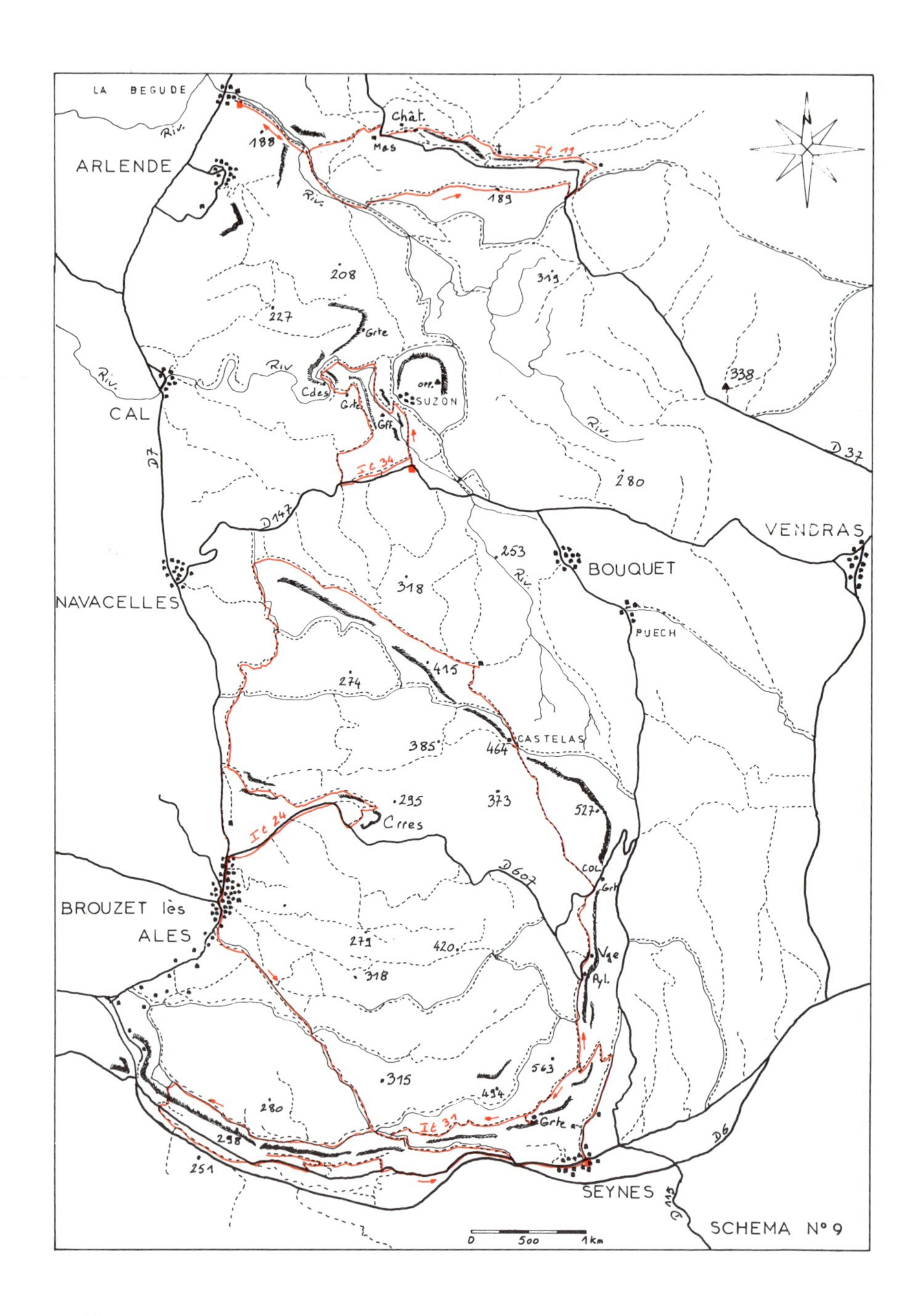
LA BEGUDE
ARLENDE
Chât.
Mas
It 11
188
189
Riv.
208
319
227
Grte
Riv
Cdes
Grte
Gff
opp.
SUZON
338
CAL
Riv.
D 37
D7
It 34
280
D147
VENDRAS
253
BOUQUET
318
NAVACELLES
PUECH
415
274
CASTELAS
385
464
295
373
527
It 24
Crres
D607
COL
Grt
BROUZET les
ALES
271
420
Vge
318
Pyl.
315
563
494
280
It 31
Grte
298
251
SEYNES
D6
0 500 1km
SCHEMA N° 9

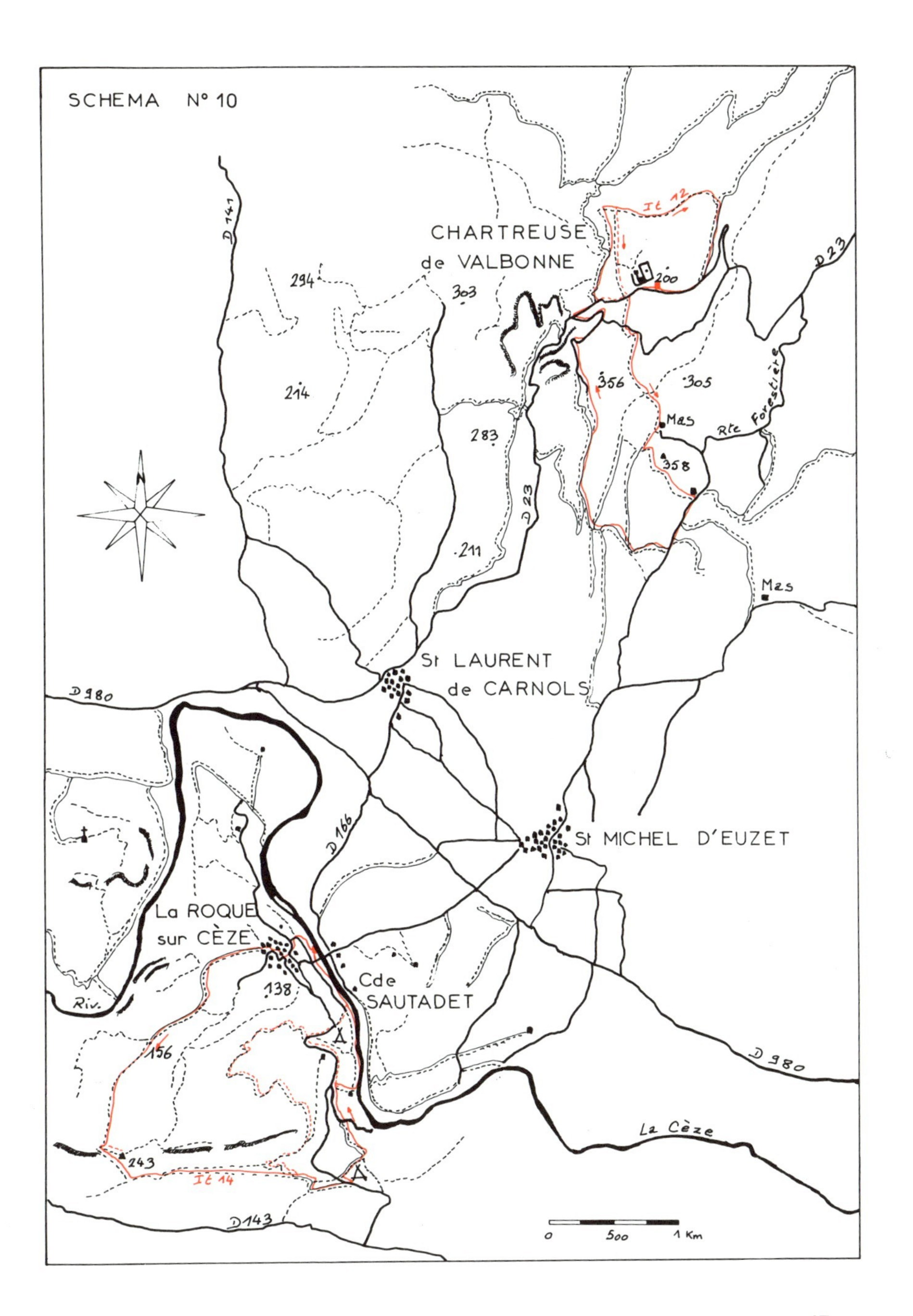
SCHEMA N° 10
CHARTREUSE
de VALBONNE
It 12
200
D 23
D 141
294
303
214
356
305
Mas
Rte Forestière
283
358
D 23
211
Mas
St LAURENT
de CARNOLS
D 980
D 166
St MICHEL D'EUZET
La ROQUE
sur CÈZE
138
Cde
SAUTADET
Riv.
156
D 980
La Cèze
243
It 14
D 143
0
500
1 Km

Recommandations :
Cette randonnée peut s'effectuer en toute saison avec, tout de même, une nette préférence pour l'automne. Vous pourrez ainsi admirer les chaudes couleurs des feuillus. Ce parcours est sans difficulté notable, idéal pour la course à pied.

Accès :
De Bagnols-sur-Cèze, prendre la D. 980 en direction de Barjac. Suivre ensuite la D. 23 qui, de St-Laurent-de-Carnols, mène à la Chartreuse de Valbonne. Stationner sur le vaste parking à l'entrée du monastère.

Description de l'itinéraire :
Du parking de la Chartreuse, se diriger vers l'ouest, passer devant l'entrée, continuer sur la route jusqu'à l'orée d'un bois où l'on emprunte un chemin sur la gauche (PR tracé jaune). Remonter dans les bois, couper la voie goudronnée, suivre le GR jusqu'à la ferme « Le Chapelas ». La vue s'élargit à l'approche des champs cultivés, quelques petites bornes, malheureusement badigeonnées de peinture bleue, bordent la voie.
Descendre jusqu'à un croisement, aller tout droit (GR), puis à gauche et à droite (PR). Monter ainsi dans un joli sous-bois puis redescendre l'autre versant parmi les buis, le houx et quelques magnifiques conifères. Ce passage très particulier est à savourer tranquillement.
A la maison forestière (45 mn depuis le départ), après avoir admiré le cadran solaire, emprunter le goudron vers le sud-ouest, ensuite, laisser le GR à gauche, continuer sur la route jusqu'à un virage où l'on prend un large chemin à droite (PR). Les chênes rouvres et les fougères agrémentent ce sentier un peu trop large.
Continuer en se guidant aux jalonnements jaunes, passer deux carrefours puis quitter le large chemin pour préférer une voie sur la droite. Ce croisement se trouve au point coté 255 sur la carte. Poursuivre parmi les pins puis redescendre dans un vallon flanc nord où de magnifiques hêtres et des écureuils vous accueillent. Ce passage si rare dans nos régions méridionales contraste avec le début de notre itinéraire.
A la route, marcher vers l'ouest. Au carrefour, tourner à droite en direction de la Chartreuse. Ensuite, prendre à gauche une large voie carrossable qui monte vers le nord.
Peu à peu, la vue se dégage sur le domaine de la Chartreuse dont les toits de tuiles vernissées resplendissent au soleil.
Au virage suivant, suivre le sentier qui s'amorce en contrebas du chemin (pancarte chêne vert 3).
Le retour au monastère va désormais se faire sur un sentier botanique très ombragé, apportant quelques éléments indispensables à notre culture sylvicole.
Aller à gauche et suivre les panneaux en prenant le temps de s'arrêter à chaque station numérotée pour essayer de trouver le nom de chaque espèce. Par deux fois, on peut abréger la randonnée et rentrer directement en suivant les indications données sur le terrain, mais il est bien plus intéressant d'effectuer le parcours dans son intégralité.
Après quelques chênes verts, on descend dans un vallon où de magnifiques hêtres invitent à la rêverie. Une mare, un pont et un ruisseau

agrémentent le parcours. Une forêt de peupliers puis de conifères succède à ce paysage enchanteur. Après une petite grimpette, on retrouve un large chemin forestier.
— 40 mn.
Prendre à droite puis, à la route, choisir une autre fois la droite pour rejoindre les véhicules.
— 10 mn.

Itinéraire n° 13
LE CHÂTEAU DE GICON
schéma n° 11, page 50

De Vénéjan à Chusclan, quelques collines dominées par le château de Gicon, ancienne place forte sur la vallée du Rhône, offrent leur terre au vignoble si réputé de la région. Cette balade facile mais assez longue permettra de découvrir ces cultures au pied de magnifiques châteaux.

Temps : 3 h.

Difficulté : Facile. P1-T1.

Dénivellation : 180 m.

VTT : Eviter le château.

Carte : IGN n° 2940 est, Bagnols.

Recommandations :
Eviter absolument d'effectuer cette randonnée pendant la saison chaude, les chemins étant peu ombragés. La meilleure saison est encore une fois l'automne et pourquoi pas la période des vendanges.

Accès :
Gagner Bagnols-sur-Cèze, traverser la rivière au nord de la ville en direction de Pont-St-Esprit, puis tourner à droite sur la D. 148 jusqu'à Vénéjan. Monter au sommet du village par des ruelles pavées. Rouler jusqu'à la bifurcation des deux GR indiquée par deux petits panneaux. Stationner sur le terre-plein à droite.

Description de l'itinéraire :
Prendre vers le sud le GR 42 B. Marcher 20 minutes sur un large chemin pour emprunter un sentier sur la droite, entouré de buis. La sente s'enfonce en forêt puis monte jusqu'aux crêtes. Après une petite borne au bord du sentier, la vue s'élargit sur la vallée rhodanienne et les coteaux environnants. Suivre le GR qui descend par une large voie.
— 30 mn.
A la croisée des chemins, monter au château de Gicon par la droite.
L'édifice ruiné est en cours de restauration : magnifique vue sur Bagnols et les vignobles plantés selon les lignes de pente de la colline à l'ouest.
A l'est, non moins belle perspective sur la vallée du Rhône, les collines

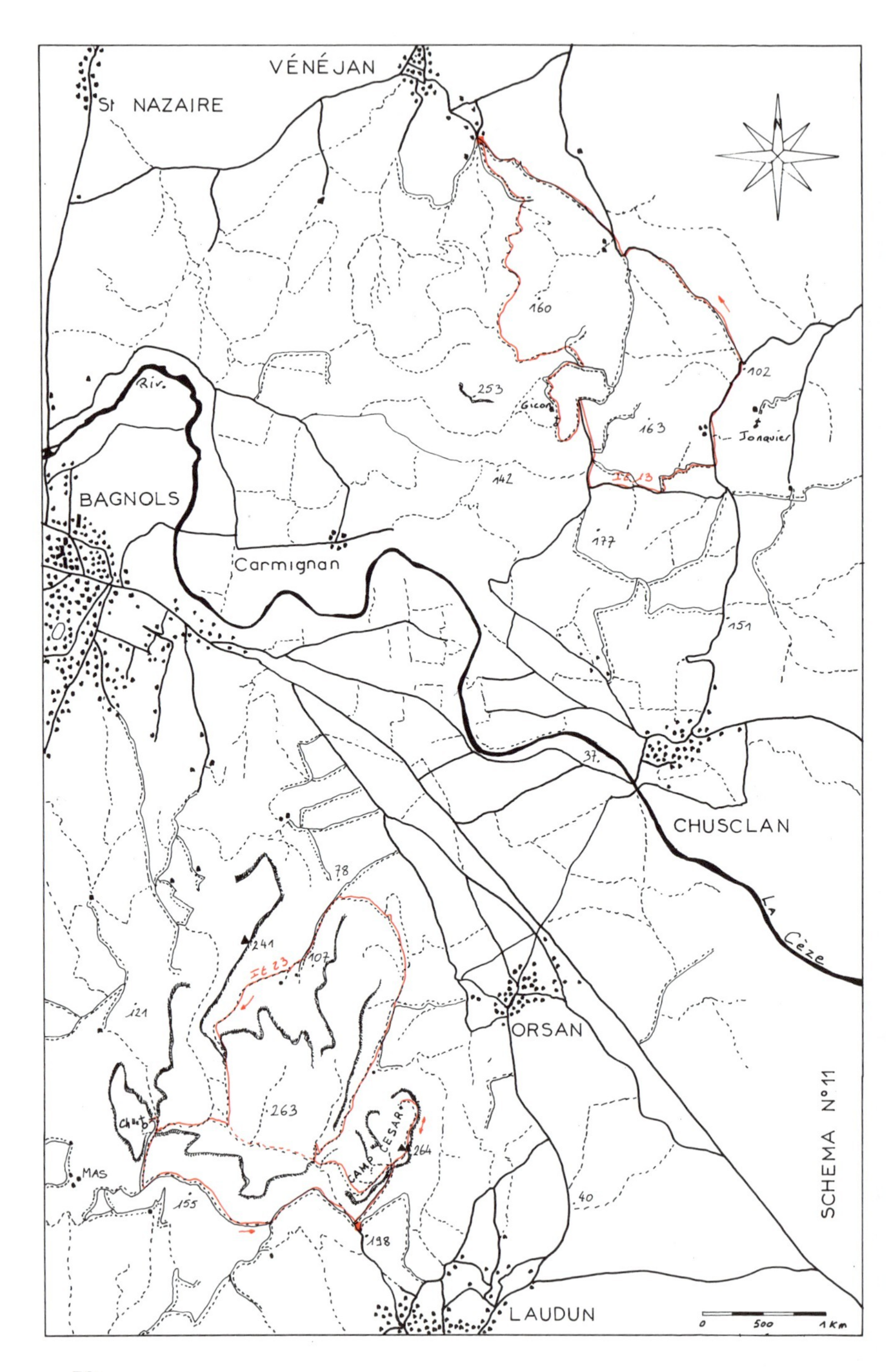
VÉNÉJAN
St NAZAIRE
N
160
253
102
Gicon
163
Jonquier
Riv.
It 13
142
BAGNOLS
177
Carmignan
151
37
CHUSCLAN
78
La Cèze
241
It 23
107
121
ORSAN
SCHEMA N°11
263
CAMP de CESAR
264
MAS
155
40
198
LAUDUN
0
500
1 Km

du Vaucluse et de la Drôme ainsi que la masse bleutée du mont Ventoux qui règne avec sérénité sur la Provence.
S'enfoncer dans une forêt au sud-est, descendre à la chapelle d'où l'on aperçoit le château de Jonquier. Poursuivre par un bon chemin qui mène à un mas ruiné et à un vaste parking.
— 35 mn.
Choisir le goudron par la droite, longer des vignobles, tourner à gauche sur une autre voie goudronnée et passer un col. Au grand panneau décrivant les expérimentations de clones, tourner à gauche, contourner la vigne vers l'ouest.
Vous pouvez remarquer des rosiers aux bords des vignobles, ils sont là pour avertir les viticulteurs de la présence de pucerons ; en effet, le rosier est très sensible à ces parasites et ils sont les premiers contaminés.
A l'asphalte, prendre à gauche en direction d'un mas. Passer au pied de la chapelle puis du château de Jonquier, marcher vers le nord sur une voie vicinale goudronnée. Choisir un bon chemin à gauche, se fier au jalonnemment GR. Déambuler parmi les vergers et la garrigue jusqu'au mas de Rouvier où vous pourrez admirer une plantation de figuiers, culture très rare dans la région.
— 1 h 15 mn.
Continuer tout droit sur une petite voie parfois revêtue jusqu'à Vénéjan.
— 20 mn.

Itinéraire n° 14
LES CASCADES DU SAUTADET
schéma n° 10, page 47

La petite histoire raconte que la fille d'Hannibal se serait noyée en voulant traverser la Cèze, son éléphant ayant été emporté par les eaux. Effectivement, il n'y a qu'à s'approcher des cascades lors d'une crue pour comprendre la furie de la rivière.
Les jours où elle se veut agréable, vous pourrez admirer à loisir les marmites géantes, résultat des eaux en colère.
Un peu en amont, le paisible village, anciennement fortifié, perché sur un rocher, de la Roque-sur-Cèze domine le pont médiéval qui enjambe le cours d'eau.

Temps : 2 h 45 mn.

Difficulté : Aucune, sauf le parcours facultatif en sous-bois qui peut être éprouvant. P1-T1.

Dénivellation : 190 m.

VTT : Petits sentiers en sous-bois, rentrer directement par la route.

Carte : IGN n° 2940 est, Bagnols.

Recommandations :
Excepté le départ, cette randonnée est assez ombragée, cela permet d'effectuer une balade en été. Dans ce cas, ne pas oublier de prendre son maillot de bain, la Cèze étant une rivière bien agréable pour se rafraîchir. Ce parcours est également très plaisant en automne où les couleurs de la forêt charment le randonneur.
Attention : pour ceux qui veulent poursuivre en forêt jusqu'au bout, il n'est pas rare d'apercevoir des sangliers, même en plein jour.

Accès :
De Bagnols-sur-Cèze, prendre la route de Barjac pour emprunter ensuite la D. 116 qui mène à la Roque-sur-Cèze et aux cascades du Sautadet. Se garer après le pont, au parking gratuit.

Description de l'itinéraire :
Aller au bout du parking, suivre le goudron pour, après une haie de cyprès, prendre à gauche afin d'atteindre le village. Gagner la chapelle médiévale par de pittoresques ruelles pavées (porche, montée du château, passage des voûtes, terrasse...). Du haut de la Roque, on a une très jolie vue sur les maisons, le pont et la Cèze.
Continuer par le chemin tout droit, monter sur cette voie recouverte de béton grossier jusqu'aux crêtes. Poursuivre sur ce large chemin dans la garrigue. La vue s'élargit aux vallées environnantes. On arrive à un croisement.
— 30 mn.
Se guider au tracé rouge sur la droite. Au carrefour suivant, aller tout droit pour monter vers d'autres crêtes. De nombreux arbousiers bordent le chemin. Après un champ, passer sur une voie dallée puis pénétrer dans un sous-bois. Le chemin prend fin sur la ligne de crêtes.
Suivre le sentier de droite, descendre quelques mètres pour prendre à gauche. Très joli sous-bois de feuillus (noisetiers, etc.). Dans une clairière, un énorme chêne blanc nous invite au repos. Pourquoi ne pas se laisser tenter un moment.
— 15 mn.
S'engager sur le sentier de gauche pour entrer dans une bien belle forêt de feuillus, très spectaculaire en automne. Rester sur la sente la plus évidente. Un peu plus tard, on quitte cette forêt pour pénétrer dans une pinède abritant de nombreux écureuils. On atteint peu après une vigne.
— 20 mn.
La marche va se poursuivre dorénavant en terrain sablonneux.
A partir de là, deux possibilités s'offrent à vous :
— soit prendre à droite et poursuivre la randonnée en terrain facile, aux abords des champs, puis dans une pinède pour se retrouver le long de la Cèze ;
— soit en prenant à gauche pour continuer dans une forêt sur un sentier peu évident où l'on peut se perdre si l'on n'a pas le sens de l'orientation.
T2.
En choisissant la gauche, remonter deux ou trois lacets pour prendre à droite, après une borne, un sentier au pied de la colline. Attention, terrain à sangliers. Il n'est pas rare d'en voir se désaltérer à la mare. Nous sommes au cœur d'une forêt de feuillus, très épaisse, donc très prisée

des animaux sauvages. On rejoint un ravin après avoir contourné un cirque.
— 40 mn.
Prendre à droite. Le sentier devient un peu plus large, ne pas tourner à la dextre mais continuer tout droit pour descendre à droite dans un vallon un peu plus loin (au niveau d'une très petite clairière). On retrouve une végétation plus typique de la garrigue (genévriers, chênes...). Poursuivre la descente sur un terrain plus abrupt, puis incliner la marche à gauche. Dans le vallon, aller à droite pour retrouver un chemin plus large, monter sur la colline d'en face. Prendre le sentier de droite, descendre dans un champ en friche, gagner une voie à proximité d'un champ d'abricotiers.
A la route, aller à gauche.
— 20 mn.
Descendre le long du camping puis tourner à droite pour aller voir les cascades.
— 10 mn.
En choisissant la droite, longer une première puis une deuxième vigne pour atteindre la route. La remonter sur quelques mètres pour emprunter un chemin en contrebas du camping. Cette voie traverse une pinède jusqu'à une petite route. Marcher sur cette dernière jusqu'au croisement où, peu avant, il faut prendre un chemin qui mène au bord de l'eau en longeant une vigne. Descendre à la rivière par un passage délicat derrière un cabanon. Suivre alors le sentier qui, par une plage de galets, conduit aux cascades du Sautadet que l'on peut contempler tout à loisir.
Ces énormes marmites, creusées par les eaux, incitent à la réflexion. Le rocher est rongé de façon si complexe que parfois on croit reconnaître des vestiges d'habitations, avec des voûtes, des fenêtres, des clochetons... Quand on pense que la rivière a forgé son passage dans cette roche, on comprend mieux la puissance de cette masse liquide que rien ni personne ne peut arrêter et on reste abasourdi à regarder couler cette eau si claire dans ce dédale rocheux.
Après avoir bien pris le temps de contempler cette œuvre de la nature, retourner aux véhicules par la petite route.
— 10 mn.

Itinéraire n° 15
LA GARRIGUE DE MÉJANNES-LE-CLAP
schéma n° 7, page 38

Méjannes-le-Clap, initialement un minuscule hameau où vivaient quelques paysans et bergers, est devenue un vaste village de vacances. Il existe de nombreuses installations sportives ainsi qu'une myriade de résidences secondaires très prisées des touristes hollandais, allemands ou encore anglais. Nous vous proposons de découvrir le plateau de

Méjannes et les magnifiques combes sauvages qui descendent jusqu'aux rives de la Cèze, tout en visitant quelques hauts lieux touristiques comme le dolmen de la Baume-des-Fades et la fabuleuse grotte de Peyre-Haute. Cet itinéraire facile est une approche idéale pour découvrir cette région sauvage qu'est le plateau de Méjannes-le-Clap : région de garrigues par excellence.

Temps : 2 h 50 mn.

Difficulté : Sans problème, si ce n'est les sous-bois épais. P2-T1.

Dénivellation : 200 m, on part du point culminant.

VTT : Chemins encombrés de végétation. Difficile.

Carte : IGN n° 2940 ouest, Lussan.

Recommandations :
Prévoir de l'eau malgré l'ombre que nous procure les sous-bois. Il existe une variante, un peu plus longue mais malheureusement assez monotone, sur le plateau (voir schéma).

Accès :
On atteint Méjannes-le-Clap par Uzès et la D. 979 vers le nord. Du village, prendre la route de St-André-de-Roquepertuis, tourner à gauche au mas du Clap en direction de l'atelier de poteries. Ne pas aller au mas mais continuer tout droit sur le chemin de terre. Stationner au carrefour qui suit.

Description de l'itinéraire :
Se diriger vers le nord, marcher sur ce vaste chemin. Après un « S », on croise un sentier sur la droite qui mène à la grotte de Peyre-Haute, et 50 m plus loin, emprunter le chemin conduisant au dolmen. Suivre les jalonnements verts jusqu'à la mare (lac de Carquignau) et à l'aven (trou bouché), qui se trouvent sur la gauche près du chemin. De retour sur la voie principale, tourner à gauche et poursuivre parmi les chênes blancs. Peu après, un embranchement à gauche mène au dolmen ; formidable construction coiffée d'une dalle phénoménale.
— 30 mn.
Revenir sur le large chemin et repartir vers le nord. On passe près de petits lapiaz, probable source de l'édifice que nous venons de visiter, pour prendre par la suite sur la gauche (tracé vert et rouge). Nous quittons le chemin pour poursuivre sur un magnifique sentier en sous-bois où les oiseaux s'en donnent à cœur joie. Se guider au tracé vert, tourner à droite en laissant le tracé rouge. Descendre dans la combe aux Noyers parmi les chênes blancs et les buis, passer une sorte de petit ravin inserré entre deux barres rocheuses et continuer jusqu'à un bon chemin carrossable où il faut prendre à droite. Une magnifique plantation de peupliers, un peu trop rectilignes à notre goût, nous accueille. Passer un rocher formant une sorte de porte.
— 40 mn.
Se diriger vers la Cèze par la première voie de gauche jusqu'à une plage de galets.
— 5 mn.

Tourner à gauche dans la forêt pour rejoindre le chemin carrossable que l'on emprunte vers le sud jusqu'à un grand chêne bien individualisé dans une courbe à gauche, l'arbre étant à droite. S'enfoncer dans le bois pour remonter la combe Béléousé. Passer à travers des buis puis continuer tout droit parmi ces magnifiques arbustes formant une superbe voûte naturelle. Poursuivre toujours tout droit, passer deux petites clairières, marcher au fond de la combe, pour trouver un meilleur sentier à la troisième clairière. Faire bien attention, le parcours n'est pas de toute simplicité. Un peu plus loin, on aperçoit une zone déboisée à gauche. Côté opposé de cette nouvelle clairière, une combe indique le chemin. Monter pour gagner une zone dégagée (cade en plein milieu et rochers sur la gauche). Pénétrer dans une forêt de buis assez dense. Sur le plateau, longer un champ pour arriver à un large chemin puis à un carrefour.
— 45 mn.
Aller à gauche pour visiter la grotte de Peyre-Haute.
— 20 mn.
Lorsque l'on arrive à l'entrée du trou, on n'imagine pas que derrière le minuscule tunnel s'ouvre une salle immense à ciel ouvert.
Pour découvrir ces merveilles, il faut ramper dans le boyau où un courant d'air glacial crée l'ambiance adéquate.
De retour au parking de la grotte, s'engager sur un sentier tracé rouge, à droite dans les buissons. Un peu plus haut, vous avez la possibilité d'admirer l'aven. **Attention aux enfants, danger.** Traverser un bois vers le sud-ouest pour retrouver le chemin. Prendre à droite, regagner les véhicules.
— 30 mn.

Itinéraire n° 16
L'ERMITAGE DE COLLIAS
schéma n° 7, page 38

Cette randonnée très variée permet de découvrir les merveilleuses combes au sud du village. Dans un vallon reculé, l'ermitage de Collias se cache au pied d'une petite falaise. On ne peut rêver de lieu plus paisible pour consacrer sa vie à la méditation.

Temps : 3 h 30 mn.

Difficulté : Un peu long. P2-T1.

Dénivellation : 260 m.

VTT : Difficile et technique à l'ermitage. Il existe un autre chemin pour les VTT (voir carte).

Carte : IGN n° 2941 ouest, Uzès.

Recommandations :
Cette balade ne présente aucune difficulté mais, après de fortes pluies, le vallon menant à l'ermitage peut se transformer en torrent. La randonnée devient alors aquatique, il nous est arrivé de marcher, pendant un quart d'heure, dans l'eau, les chaussures à la main (il faut tout de même préciser que de telles conditions sont rarissimes).

Accès :
De Nîmes, prendre la route d'Avignon, à St-Gervasy, tourner à gauche en direction de Collias (départementale 3). Au sommet de la côte qui se trouve après le village de Cabrières, emprunter une petite route à gauche en direction du stade. Suivre le DFCI B54, lorsque celui-ci continue tout droit sur un chemin de terre, stationner à droite dans la garrigue.

Description de l'itinéraire :
Suivre le PR (tracé jaune) vers le nord par l'ancienne voie menant à Collias. Des abricotiers et des asperges créent des couleurs variées selon la saison. Continuer sur le bon chemin carrossable, la garrigue succède aux terres cultivées.
Au nord-est, en direction du Ventoux, les abricotiers forment de curieuses arches végétales. Cet effet d'optique est visible surtout l'hiver après la taille caractéristique des arbres. Plus loin, le paysage se dégage sur les falaises que nous allons visiter bientôt. Uzès se profile à l'horizon derrière les gorges du Gardon.
Peu après, un chemin sur la gauche mène à une crête rocheuse. Suivre le sentier qui passe versant est de l'arête pour arriver à une grotte-tunnel. Cette curieuse galerie traverse de part en part le rocher. De l'autre côté, en poursuivant la marche en direction du Gardon, on peut découvrir plusieurs petites cavités.
Les plus curieux pourront aller voir une autre grotte-tunnel à l'est de la première ; pour ce faire, suivre le chemin en corniche qui s'amorce sur la croupe rocheuse. Cette seconde cavité est très amusante car si l'entrée est très vaste, la sortie est minuscule. Il faut ramper pour passer et mieux vaut se débarrasser de son sac à dos.
Retourner au PR par le même chemin.
— 30 mn aller-retour.
La large voie carrossable conduit, par un vaste plateau, jusqu'aux abords de Collias. Arrivés au-dessus du village, une merveilleuse vue sur le Gardon et les falaises surprend le randonneur. Descendre jusqu'au pont par le bon chemin.
— 1 h 45 mn depuis le départ.
Ne pas traverser le Gardon mais prendre à droite une petite route longeant la rivière. On peut admirer les flots et les grimpeurs sur l'autre rive. L'été, les touristes envahissent les lieux. Marcher pendant 15 mn pour arriver à l'amorce du chemin menant à l'ermitage.
Poursuivre sur la droite par une combe ombragée. Le chemin emprunte parfois le lit d'un cours d'eau le plus souvent à sec (voir plus haut que parfois ce ruisseau peut faire des farces). A l'approche de dalles plates et si le niveau de l'eau ne permet pas de passer, on peut trouver une échappatoire sur la droite dans les rochers. Petit pas délicat.

La suite est très paisible dans ce joli sous-bois de buis et de chênes centenaires. Un arbre couché en travers du chemin forme une sorte de porte naturelle pour accéder à l'ermitage. Avant d'aller visiter la chapelle, continuer tout droit jusqu'à une jolie fontaine dans la roche. Rebrousser chemin, passer le petit pont et monter à l'édifice.
— 25 mn depuis le bas.
Les amis de l'ermitage, association du village, entretiennent le site et le chemin d'accès qui a beaucoup souffert de l'orage tristement célèbre de l'automne 1988.
Grâce à leur travail méthodique, vous pouvez admirer en toute quiétude l'hôtel en plein air, la grotte et la chapelle. Chaque année, une messe est célébrée et il est donné de nombreux concerts de musique classique notamment des œuvres pour flûte.
Après ces moments de contemplation, prendre le chemin qui mène au mas Laval en passant près de l'énorme croix qui surplombe le site. Grimper sur le plateau, suivre le PR à gauche sur un chemin plus large. Vue sur le Ventoux, les montagnes du Nyonsais et, plus près, les carrières de Vers.
Peu après le magnifique mas, marcher sur la route pour la laisser tout de suite en passant par un bon chemin sur la droite.
— 25 mn depuis l'ermitage.
On quitte le PR qui continue sur la route. Au carrefour suivant, prendre à gauche, le sentier descend parmi les arbres. Arrivés dans une combe, emprunter une sente un peu plus large qui monte sur la gauche. Passer plusieurs plates-formes, le chemin s'incline peu à peu vers le sud. Ensuite, on trouve une voie plus large. Après un passage sur des dalles, on arrive à un carrefour. Choisir la droite en descendant puis aller au sud-ouest. Au bout de la ligne droite, continuer par un sentier en sous-bois sur la gauche. On atteint assez vite un chemin plus large, le suivre sur la droite, descendre jusqu'à la route goudronnée.
Marcher vingt mètres sur le goudron à droite puis s'engager sur un chemin à gauche. Gravir la colline pour rejoindre les véhicules.
— 40 mn depuis le mas.

Itinéraire n° 17

LE LAC DE LA ROUVIÈRE

schéma n° 12, page 58

Le lac de la Rouvière est une retenue artificielle aménagée sur la rivière Le Crieulon. Les eaux abritent de nombreuses écrevisses, très prisées des pêcheurs locaux. Le château de la Rouvière, toujours habité, rappelle le faste des cours royales des XVIe et XVIIe siècles. Alentour, les bois de Roucaute invitent à la promenade.

Temps : 4 h.

Difficulté : Long. P2-T1.

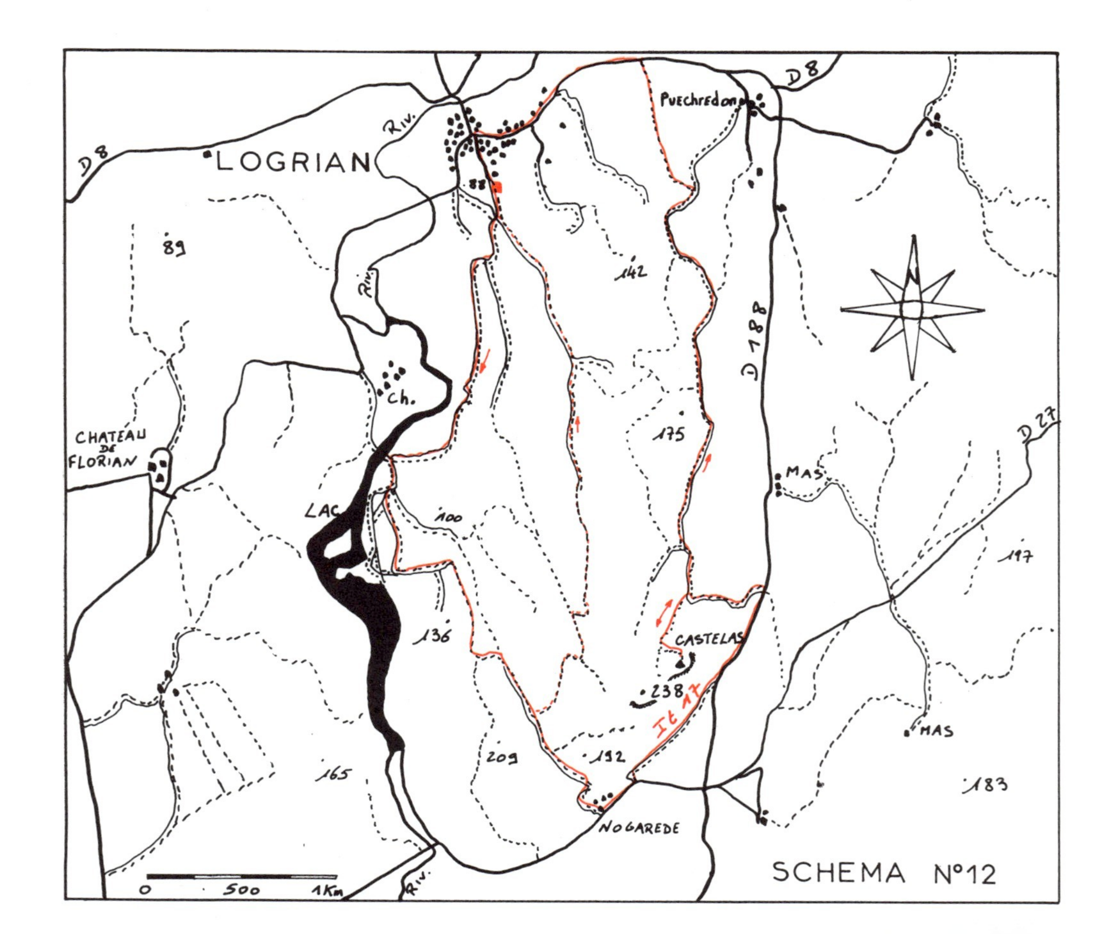
D 8
LOGRIAN
Riv.
88
Puechredon
D 8
89
142
Riv.
D 188
Ch.
175
CHATEAU DE FLORIAN
MAS
LAC
100
197
D 27
136
CASTELAS
238
It 17
MAS
209
192
165
183
NOGAREDE
0
500
1Km
Riv.
SCHEMA N°12

Dénivellation : 200 m.

VTT : Parfait sans le château.

Carte : IGN n° 2841 ouest, Anduze.

Recommandations :
Balade à effectuer de préférence en automne, au moment où la nature se teinte de mille couleurs plus belles les unes que les autres.

Accès :
De Nîmes, prendre la route de Sauve jusqu'à Quissac. Dans le village, emprunter la D. 35 qui mène à Alès en passant par Logrian. A l'intérieur du hameau, suivre une petite route vers le sud, au niveau du croisement. Stationner sur le bas-côté du chemin.

Description de l'itinéraire :
Marcher jusqu'à un carrefour à plusieurs ramifications. Descendre sur la voie en contrebas pour aller vers le sud. Longer des champs, suivre le tracé bleu sur la droite jusqu'au lac, en prenant le temps d'admirer le château de la Rouvière tout au long du trajet. Cette majestueuse construction est édifiée sur un talus supporté par d'énormes murs sur différents niveaux.
— 25 mn depuis le départ.
Suivre le large chemin (tracé bleu), monter et descendre un raidillon pour atteindre le Pontel.
— 25 mn.
Une des curiosités de la région se trouve au fond de ces eaux troubles. En effet, si vous rencontrez des pêcheurs sans canne à pêche mais avec simplement du fil et un bouchon, c'est qu'ils attrapent des écrevisses !
Revenir un peu sur ses pas pour poursuivre vers le sud sur la large voie toujours jalonnée de bleu. Aux abords du lac, au niveau d'un croisement, prendre à gauche et peu après à droite afin de gagner la colline (tracé bleu). Continuer vers l'est, passer une bosse, le tout dans une forêt de chênes rouvres. Marcher ensuite dans une combe s'élevant au sud tout en suivant les marques bleues (tout l'itinéraire est tracé de cette couleur). Les arbres deviennent moins imposants et les buis plus nombreux et plus envahissants. Poursuivre au sud jusqu'à un col.
— 45 mn.
Il existe une variante qui délaisse le tracé bleu et le château de Roque-Haulte. Ce parcours est plus difficile mais plus court (passages dans une végétation assez dense, risques de se perdre), voici son descriptif : alors que la vue se dégage sur les vignobles, aller à gauche en direction des petite falaises. Au bout du coupe-feu, un cairn montre la suite de l'itinéraire sur la gauche. Emprunter un sentier qui pénètre en forêt. Après que la vue se soit dégagée sur les Cévennes, dans une clairière, le sentier se scinde en deux.
— 20 mn.
Prendre la branche de droite. Enfin, on arrive sur un chemin. Choisir encore une fois la droite. Après une bonne descente, on croise un autre chemin. Aller à gauche, effectuer quelques virages en lacets et marcher ensuite vers le nord, dans une plaine fertile, jusqu'aux véhicules.
— 40 mn.

Si vous choisissez l'itinéraire normal, descendre au hameau de Nogarède puis emprunter la route à gauche. Dans un virage à droite, tourner à gauche sur une bonne voie. En longeant la base de la colline, suivre ce chemin jusqu'à une autre route que l'on emprunte vers le nord. Au sommet d'une petite côte, aller à gauche, passer une sorte de chaîne, monter sur la colline. Au carrefour, prendre à gauche dans le bois. Progresser sur ce magnifique petit sentier parmi les arbres et quelques blocs rocheux. On arrive assez vite aux ruines du château.
— 45 mn depuis Nogarède.
Il ne subsiste que quelques murets de ce castelas. Sur la falaise au sud, quelques voies d'escalade surplombent une autre ruine. Magnifique vue panoramique.
Retourner par le même sentier jusqu'au carrefour où l'on retrouve le bon chemin que l'on suit vers la gauche. Se fier aux jalons bleus, descendre jusqu'à la route goudronnée en passant par un vallon rocheux puis une petite combe.
Au goudron, finir la randonnée par la gauche jusqu'à Logrian.
— 1 h 15 mn depuis le château.

Itinéraire n° 18
LE CIRCUIT DES CAPITELLES

schéma n° 13, page 62

Blauzac, au sud-ouest d'Uzès, est un des rares endroits de la région où un nombre important de capitelles en très bon état est disséminé dans la garrigue. Ces maisonnettes, construites entièrement en pierres sèches et sur le principe de la voûte à encorbellements, furent les habitats de nos ancêtres avant de devenir de simples abris de jardin. Dans le circuit proposé ici, nous avons pu en recenser 19, en cherchant bien, on doit pouvoir en trouver d'autres. A noter que, dans le Gard, ces constructions sont dénommées capitelles alors que dans le Vaucluse on les appelle bories. Si vous ne le connaissez déjà, nous vous conseillons de visiter le village des Bories à Gordes.

Temps : 2 h.

Difficulté : Assez peu difficile. P1-T2.

Dénivellation : 85 m.

VTT : La végétation peut gêner au début de l'itinéraire.

Carte : IGN n° 2941 ouest, Uzès.

Recommandations :
Cette promenade peut se faire en toute saison, mais il est quand même préférable d'aller voir les capitelles en fin de journée quand le soleil descend sur l'horizon tout en illuminant la garrigue de ses plus beaux rayons.

Accès :
De Nîmes, prendre la route d'Uzès, 2 km après le pont St-Nicolas, on tourne à gauche pour aller dans le joli village de Blauzac. De là, s'engager sur la D. 736 en direction d'Arpaillargues jusqu'au mas d'Aillargues. A ce niveau, prendre le deuxième chemin de droite pour se garer au point coté 123.

Description de l'itinéraire :
Suivre le chemin tracé en bleu vers le sud-ouest. On aperçoit une première capitelle sur la gauche. A vous de vous amuser à répertorier les suivantes. Poursuivre vers l'est sur le chemin principal qui continue entre deux murets. Peu après, le tracé bleu tourne à droite. Aller visiter une capitelle et poursuivre par un petit sentier qui s'infléchit vers le levant. Descendre par une ancienne voie emmurée sur la droite (tracé très peu visible) jusqu'à une terrasse. Nous pénétrons dans un joli sous-bois assez sauvage où les capitelles et les clapiers se succèdent. Se diriger vers le nord-est. Les marques bleues disparaissent. Après une légère montée, tenir la même direction tout en laissant une capitelle sur la gauche. Quand le sentier ne devient plus qu'une minuscule sente, prendre à droite et descendre par un meilleur tracé jusqu'à une vigne et à la route, en contournant le vignoble par la droite (suivre la ligne électrique).
— 30 mn depuis le départ.
Ce passage, assez végétatif, est délicat pour les personnes habituées aux seuls chemins bien entretenus mais il est assez évident de progresser dans cette forêt où le calme récompense le randonneur.
Se diriger vers le mas de Malaigue qui est à votre gauche et poursuivre par le chemin du pont romain jusqu'à l'ouvrage antique.
— 30 mn.
La vue se dégage sur les villages de Sagriès derrière la double haie de platanes, St-Maximin et la colossale tour de béton du château d'eau de St-Siffret.
Le pont romain, bien conservé, enjambe la Seyne. Retourner sur ses pas jusqu'au chemin sur la droite, tracé en jaune. Monter en direction d'une capitelle sur la colline. La laisser sur la droite pour poursuivre vers le sud-ouest (PR). Un peu plus loin, aller au sud pour gagner un sentier et un sous-bois. Un hameau de capitelles se dégage des chênes sur la gauche. Progresser vers le sud-ouest tout en admirant les constructions si attachantes de part et d'autre des murets. S'enfoncer dans une forêt où les chênes rouvres, les pins sylvestres et les cades cohabitent merveilleusement. On arrive à un cabanon en ruine.
— 30 mn.
Enjamber le muret vers le sud et traverser une oliveraie où les oliviers se marient bien avec une verte pelouse. Les arbres majestueux forment une haie d'honneur. Suivre le PR pour continuer tout droit au multiple carrefour puis à droite tout de suite après (tracé jaune). Un peu plus loin, vous pourrez admirer la plus jolie des capitelles dans une olivette pendant qu'une pyramide en mauvais état monte la garde de l'autre côté du chemin. Par une voie dallée, on arrive au mas de la Librote. Prendre à gauche pour rejoindre les véhicules en passant pas des zones cultivées.
— 30 mn.

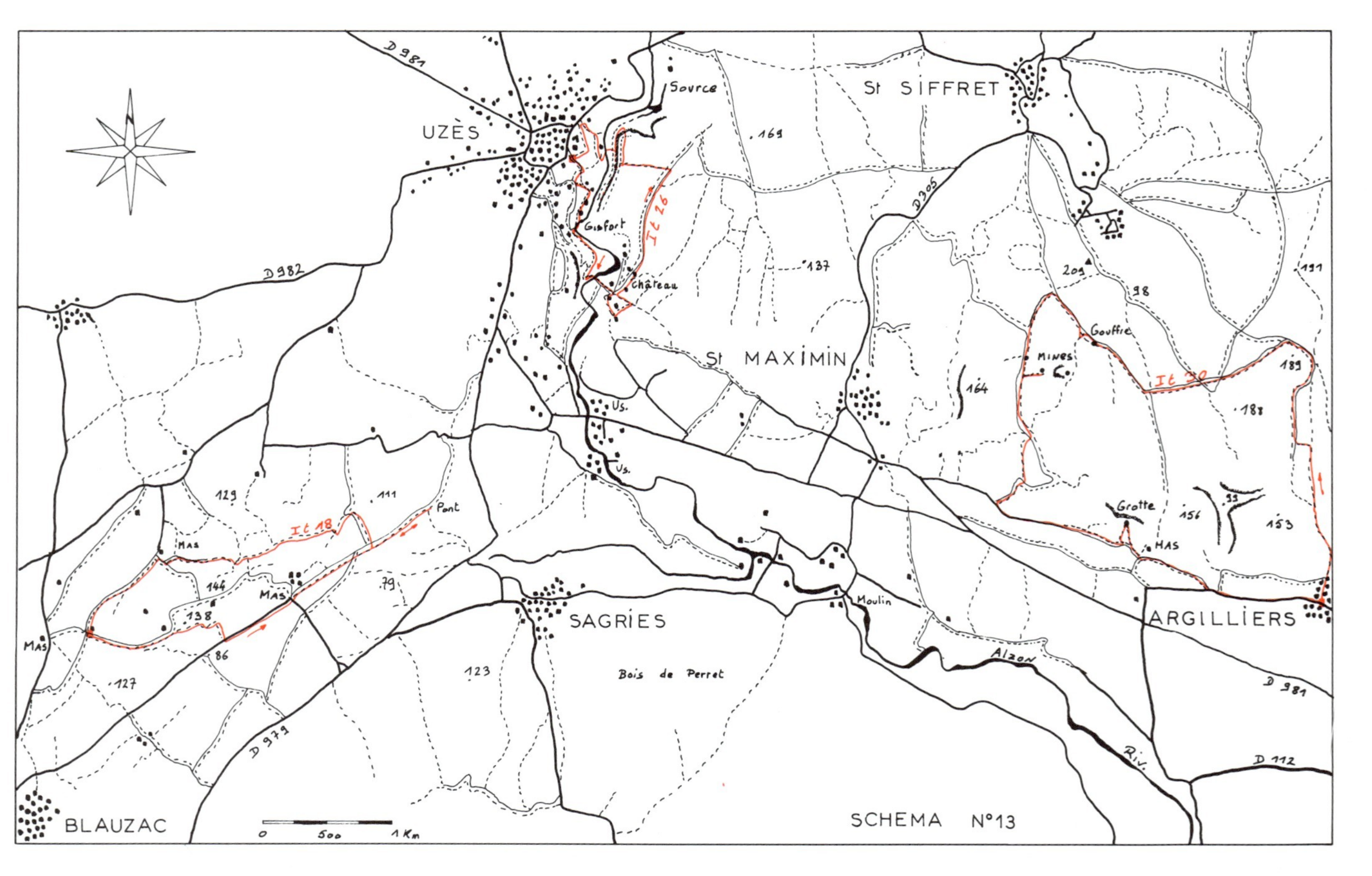
UZÈS
St SIFFRET
St MAXIMIN
SAGRIES
ARGILLIERS
BLAUZAC
SCHEMA N°13
D 981
D 982
D 305
D 979
D 112
Source
Gisfort
Château
It 26
It 18
It 30
Us.
Pont
MAS
Moulin
Alzon
Riv.
Bois de Perret
Gouffre
Mines
Grotte
209
98
191
189
188
153
156
164
169
137
129
111
79
144
138
86
127
123
0
500
1 Km

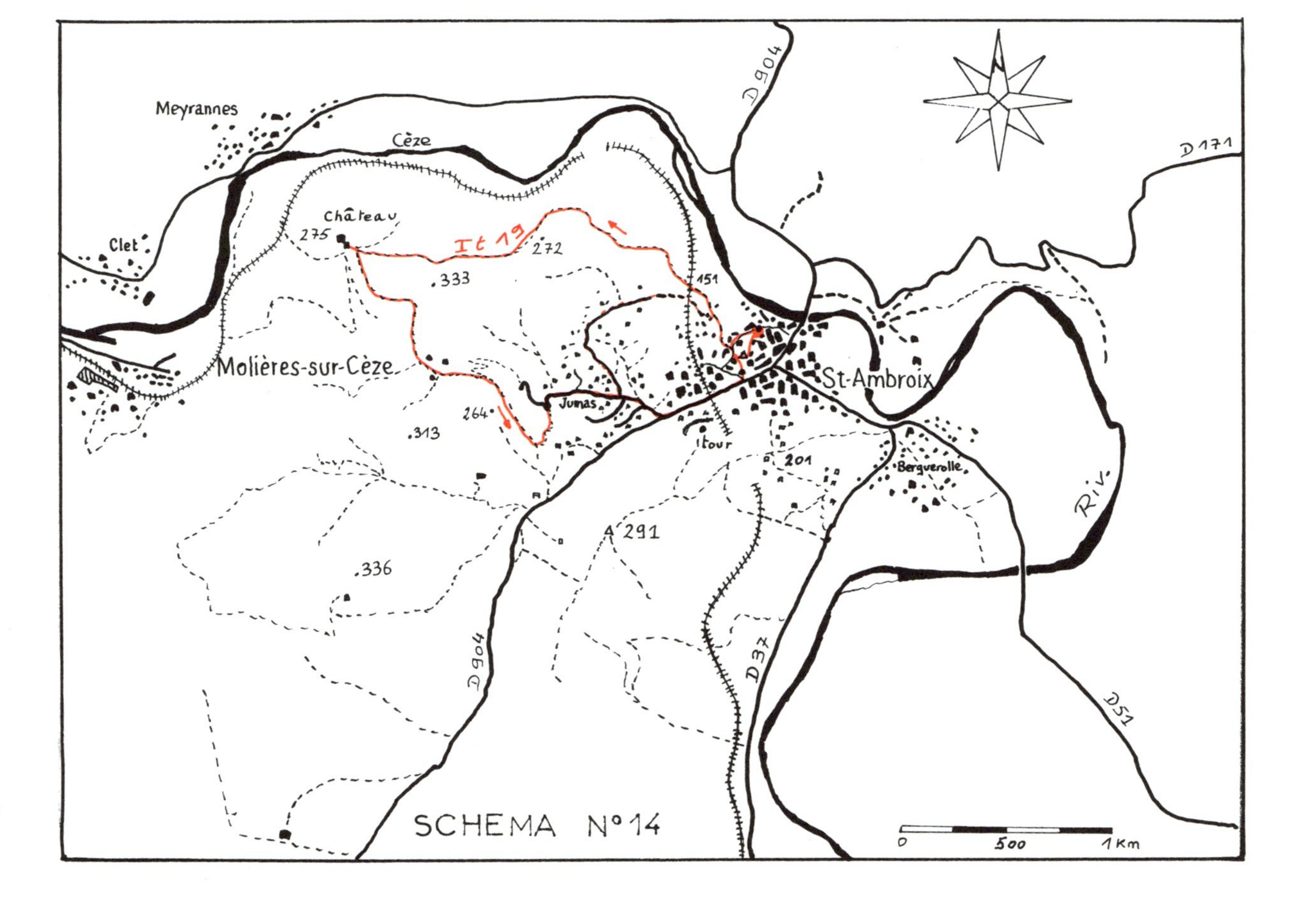

SCHEMA N°14
St-Ambroix
Berquerolle
Molières-sur-Cèze
Meyrannes
Clet
Cèze
Château
Jumas
tour
Riv.
D171
D51
D904
D37
D904
It 19
151
201
291
272
333
264
313
336
275
0
500
1 Km

Itinéraire n° 19

ST-AMBROIX
ET LE CHÂTEAU DE MONTALET

schéma n° 14, page 63

A l'extrême nord du département, St-Ambroix garde un petit air d'indépendance, nous ne sommes plus vraiment dans le Gard et pas encore en Ardèche. La ville, très commerçante, a pour origine le plateau de Dugas qui fut un lieu de culte à l'époque protohistorique. Ce rocher dominant toute l'agglomération, supporte les vestiges de l'ancien château féodal qui a été démantelé au XVIIe siècle. St-Ambroix qui fut la capitale de la soie s'est, aujourd'hui, tournée vers le tourisme. Nous visiterons ce fameux site de Dugas et irons jusqu'au château de Montalet par-delà les collines boisées.

Temps : 2 h 15 mn.

Difficulté : Passages raides dans les murets du retour. P1-T2.

Dénivellation : 200 m.

VTT : Mieux vaut suivre le PR au retour. Petits sentiers.

Carte : IGN n° 2840 est, St-Ambroix.

Recommandations :
Attention aux fortes chaleurs de l'été, prévoir de l'eau. Il faut être très prudent en visitant les ruines du château de Montalet, on peut déambuler à l'intérieur du castelas mais en prenant garde aux chutes de pierres. Certains blocs ne demandent qu'à descendre sur la tête des curieux.

Accès :
Dans St-Ambroix, suivre les indications « Parking du Nord », stationner sous les platanes.

Description de l'itinéraire :
Monter au plateau de Dugas par la rue de Cordoue (angle de la rue de la boucherie), pénétrer dans le site historique par la « porte de la Boissière ». Atteindre le plateau sommital par des escaliers.
Visiter le site, le rocher troué avec ses sculptures ainsi que les ruines du château ; dans ces sortes de fondations, on peut discerner des canalisations taillées dans le rocher, des sépultures, des puits, etc.
Se diriger vers la chapelle, redescendre par les escaliers face à l'entrée du lieu saint. Passer sous des porches pour arriver à la « place du Blé ». Descendre puis s'engager dans la rue « de l'Hôtel-de-Ville prolongée » et la rue « de Graveirol ». On arrive sur le PR 16. Se guider aux jalonnement jaunes, passer sous la voie ferrée. Quitter la ville peu à peu. Pénétrer dans une forêt, escalader une côte sévère sous la voûte majestueuse des arbres. Quelques châtaigniers viennent se mêler aux pins, continuer sur le chemin principal. Passer, ensuite, une zone dénudée qui permet d'admirer les Cévennes au loin et la Cèze dans la vallée. Progres-

Contre-jour sur le Séguissous aux Aiguières

Le Pont Saint-Nicolas

ser dans un magnifique sous-bois le long d'un muret, on finit par découvrir la silhouette du castelas que l'on atteint assez rapidement.
— 55 mn.
Pénétrer dans cette forteresse par une impressionnante porte, contourner les murs, entrer dans la cour intérieure. Visiter les nombreuses salles du château, en admirant ces ruines assez bien conservées. Un embryon de restauration montre la volonté de conserver ce lieu exceptionnel.
Revenir sur les traces du PR, au col, aller à droite vers le sud-est. Passer au milieu de magnifiques chênes, on rejoint le bon chemin au niveau d'un hameau. Descendre sur cette voie bétonnée, au virage en épingle à cheveux, aller à droite, ne pas suivre le chemin principal mais emprunter un sentier à gauche qui se dirige vers un bosquet.
— 30 mn.
Avancer sous des cèdres, marcher sur un talus au centre de la forêt, progresser vers le sud. Jolie vue sur St-Ambroix.
Peu à peu, incliner la marche vers l'est, descendre parmi des murets qui deviennent de plus en plus hauts. Plusieurs passages sont possibles, il faut parfois forcer la voie dans de petites ronces. Arriver enfin à proximité d'une capitelle. Par d'étroites marches à flancs de murs, atteindre un sentier qui mène à la route goudronnée vers la gauche. Nous retrouvons le PR.
De jolies villas flanquées d'oliviers centenaires jalonnent le parcours, retourner en ville en se guidant aux traces jaunes ou bien par la route d'Alès qui passe au pied de la falaise supportant la tour Gisquet. Regagner les véhicules par la rue « du Nord ».
— 45 mn.

Itinéraire n° 20

LA MER DE ROCHERS DE SAUVE

schéma n° 15, page 66

Nous vous proposons un itinéraire assez court afin que vous puissiez flâner dans ce dédale de rochers ruiniformes. Le parcours ne présente aucune difficulté, il permet de passer un superbe après-midi. La richesse des lieux visités est assez incroyable, il y a pratiquement une curiosité toutes les 5 minutes. Vous pouvez, bien sûr, terminer la randonnée par la visite du village médiéval.

Temps : 2 h.

Difficulté : Facile, sauf pour l'aven. P1-T2.

Dénivellation : 80 m.

VTT : Nombreuses pierres instables. Très technique.

Carte : IGN n° 271 est, St-Hippolyte-du-Fort.

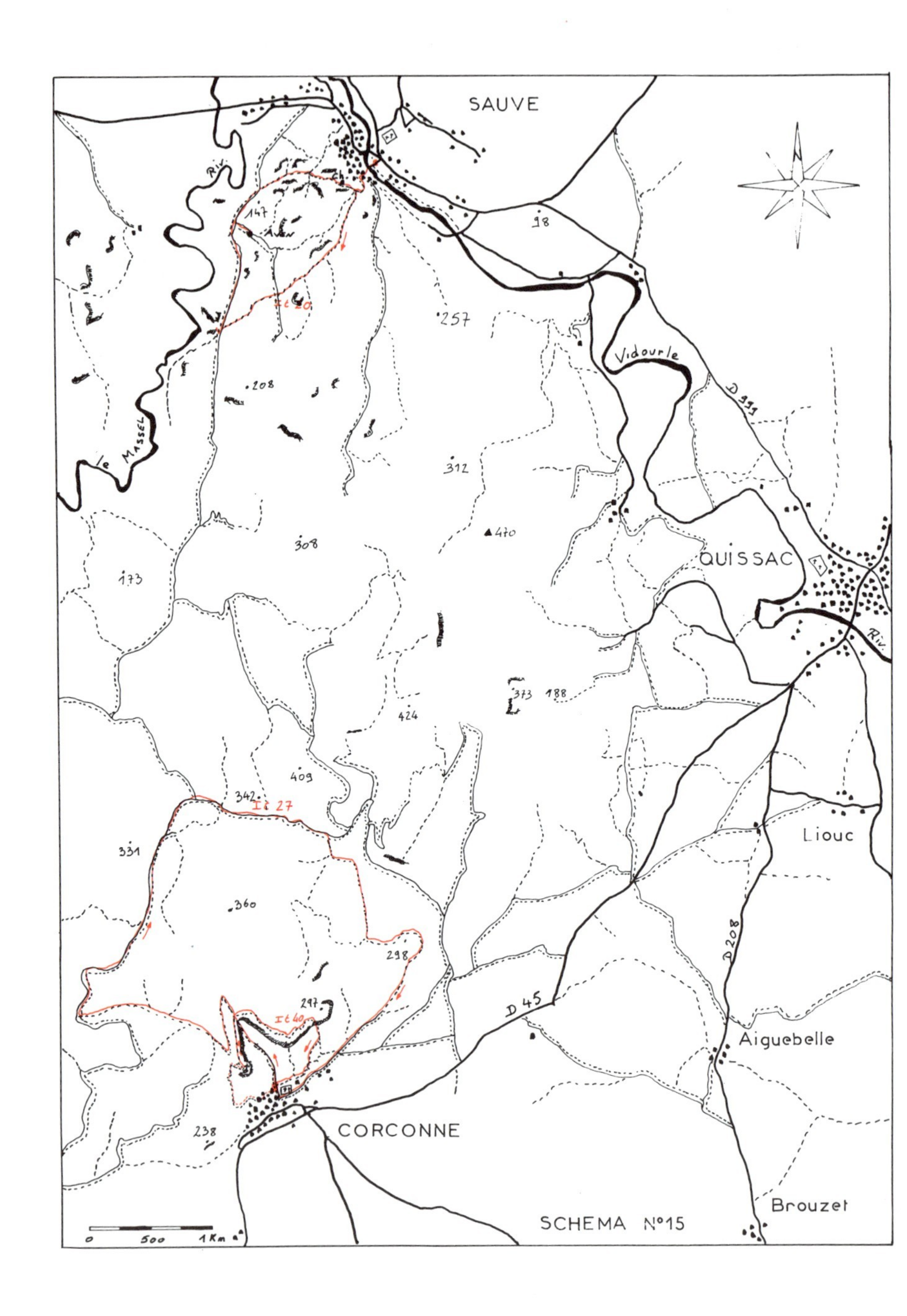
SAUVE
QUISSAC
Vidourle
D 999
Liouc
D 208
Aiguebelle
D 45
CORCONNE
Brouzet
le MASSEL
It 20
It 27
It 40
SCHEMA N°15
0 500 1 Km

Recommandations :
Bien que le parcours soit facile, il est préférable d'être bien chaussé, en effet, les sentiers sont constitués de pierres souvent instables, il faut donc avoir les chevilles bien couvertes par les chaussures.

Accès :
De Nîmes, prendre la départementale 999 en direction du Vigan. A Sauve, stationner au bord du Vidourle sur un parking en dehors du village (la Vabre).

Description de l'itinéraire :
Passer le vieux pont en admirant le débit important du Vidourle. Ceci est le fait de la fontaine un peu plus loin, près de l'autre pont. Suivre le PR (tracé jaune) en empruntant les ruelles typiques du vieux village. On arrive sur une place puis l'on monte par des venelles pavées, des escaliers et des porches. Au sommet, la vue s'étend au-delà des toits.
Des panneaux indicateurs invitent à commencer la randonnée en prenant un sentier entre deux murets de pierres. Lorsque le PR continue à droite, emprunter la voie de gauche en se guidant aux traces rouges et oranges.
— 15 mn depuis le départ.
Le magnifique château de Roquevaire monte la garde parmi tous ces rochers. Après le castelas, poursuivre tout droit. Un peu plus loin, remarquer un petit aven sur la droite. Peu après, pour visiter la fontaine des Camisards, il faut aller sur la gauche en enjambant un muret partiellement ruiné. Se fier au jalon orange.
Si, tout en étant sur le chemin principal, vous ne voyez plus les traces oranges c'est que vous avez raté l'embranchement : demi-tour donc.
Cette fontaine, cachée au creux d'un rocher et protégée par une voûte de pierres, serait bien difficile à dénicher sans les marques oranges.
Revenir sur la large voie et suivre les traces rouges. La végétation très dense en contrebas ne permet pas de s'aventurer hors des sentiers. Arrivé aux ruines, quitter les jalonnements rouges, incliner la marche à gauche. Après une série de petites propriétés, prendre à droite au croisement. Le sentier qui se rétrécit, finit par rejoindre un bon chemin au pied d'une ruine sur un promontoire.
— 35 mn depuis le château.
On accède à la maisonnette ruinée par une sente empierrée. En haut, la vue est très jolie sur l'ensemble du site. Dans la partie ouest de ce gros rocher, on peut découvrir de merveilleux lapiaz.
Continuer la randonnée par le PR vers le nord, la route fait un « S », peu après, s'engager sur la droite pour rejoindre le grand aven (flèches rouges).
— 20 mn.
Cet immense cratère est impossible d'accès sans effectuer un rappel. Nous laisserons cela aux spéléologues mais nous pouvons tout de même descendre un peu pour admirer le lac au fond du trou ainsi que les fougères et le houx. Cet aven correspond avec la source de Sauve, la présence d'eau est donc logique. Passage difficile. Attention aux enfants, ne pas les laisser s'aventurer seuls.
— 20 mn. T3.

Retourner à la bonne voie (PR), choisir la droite. En vue de deux maisons, s'enfoncer entre deux murets sur un petit sentier vers le nord-est. On arrive assez vite à la fameuse mer de rochers. On peut contempler à souhait ces roches ruiniformes. Continuer dans le dédale de rochers, vous pouvez vous échapper à droite ou à gauche pour escalader les blocs calcaires. Il existe un parcours d'escalade, ce circuit de blocs est tracé de discrètes flèches bleues.
— 20 mn.
Avant de sortir de cette mer immobile, remarquer sur la gauche une curieuse œuvre d'art formée de divers matériaux de récupération et notamment d'ustensiles de cuisine. Aladdin, puisque c'est son nom, contemple le soleil couchant qui dégringole derrière la mer de rochers.
On peut s'étonner de cette dénomination « mer de rochers » ; la verticalité de certains blocs rocheux s'accommode assez mal avec la mer qui, par définition, est absolument horizontale. A moins que nous soyons dans une tempête en pleine mer déchaînée...
Après cette « mer d'émerveillements », regagner les véhicules par le chemin emprunté à l'aller.
— 30 mn.

Itinéraire n° 21

LES CARRIÈRES DES LENS

schéma n° 16, page 70

Voici un itinéraire parcourant une région qui caractérise parfaitement la garrigue. Plateaux, combes, grottes, yeuses et rares terres exploitées sont les composants de cette garrigue dévastée par le soleil. Les carrières d'origine romaine sont un pôle d'attraction supplémentaire.

Temps : 3 h.

Difficulté : Assez éprouvant. P2-T1.

Dénivellation : 200 m.

VTT : Il faut pousser ou porter à l'aven (assez long).

Carte : IGN n° 2842 est, Vergèze.

Recommandations :
Nous vous déconseillons fortement de vous engager en plein été sur un tel parcours. Les lieux sont très reculés, mieux vaut ne pas partir seul.

Accès :
De Nîmes, aller vers St-Mamert par la route d'Alès puis la D. 22. Dans le village, au niveau d'une imposante fontaine, s'engager sur le chemin de Robiac. Rouler sur cette voie jusqu'au dernier virage avant le hameau. Stationner à proximité en prenant bien soin de laisser le passage pour les pompiers et les agriculteurs.

Description de l'itinéraire :
Commencer la randonnée sur le chemin DFCI E9, poursuivre en décrivant une large courbe. Au carrefour, continuer sur la même voie, peu après, prendre à droite en suivant le chemin le plus large. Vaste zone de garrigue un peu austère.
Au sommet de la côte, s'engager à droite sur un petit sentier. Quelques mètres plus loin, on se retrouve sur un pont naturel, traverser puis descendre à la grotte de Bragassargues.
Voici un bien curieux trou pourvu d'un magnifique porche d'entrée. Il existe deux autres orifices moins spectaculaires, ils se situent un peu plus au sud-est, côté opposé au magnifique panorama... sur la garrigue incendiée.
— 45 mn depuis le départ.
Retourner sur le chemin principal, traverser la zone brûlée. Au carrefour, choisir la droite, passer un col, descendre jusqu'au vallon et, à la bifurcation, tourner encore à droite dans la combe de l'aven.
— 20 mn.
Longer le ruisseau, ce mince filet d'eau doit être inestimable pour les animaux vivant dans ces collines arides. A proximité d'une ruine, un sentier montant dans un pierrier indique la direction, gravir la colline. Quelques bouts de ficelle guident le randonneur, l'aven de Matelas se trouve au niveau d'une petite barre rocheuse.
— 25 mn.
Ce trou circulaire dans les rochers est assez difficile à localiser. Pour vous aider, disons qu'il se trouve un peu plus haut que la barre rocheuse derrière des chênes et des arbousiers.
Le chercher peut faire l'objet d'un jeu amusant d'ailleurs !
Attention aux enfants, tomber dans ce puits serait catastrophique. Le traditionnel lâcher de cailloux et de savants calculs vous prouveront qu'il est très profond.
S'engager sur une vague sente derrière l'aven, monter jusqu'au sommet de la colline, redescendre côté opposé pour venir buter sur un sentier transversal. Prendre à gauche, on retrouve les arbres calcinés, puis une voie plus large que l'on suit jusqu'à un col où passe un chemin DFCI.
— 20 mn depuis l'aven.
Continuer tout droit sur la crête, on rejoint un PR (tracé jaune), se guider aux jalonnements qui mènent à la carrière des Lens. D'origine romaine, elle offrit ses pierres pour la Maison Carré de Nîmes. Ces impressionnants murs recouverts de végétation suggèrent assez mal ce que devait être le travail des carriers.
— 15 mn.
Gagner les ruines surplombant la carrière actuelle, tourner à droite, s'enfoncer dans le bois. Peu après, en passant sur des pierres, on peut admirer la carrière romaine sous un autre angle. Suivre les traces jaunes, traverser un joli sous-bois, descendre la colline. Au niveau d'un bon chemin, laisser le PR à gauche.
— 20 mn depuis les ruines.
Au printemps, une multitude d'iris sauvages et de narcisses embellissent les lieux. Peu après, au bord du chemin, remarquer une curieuse faille, véritable crevasse en forme de boîte aux lettres. On rejoint assez

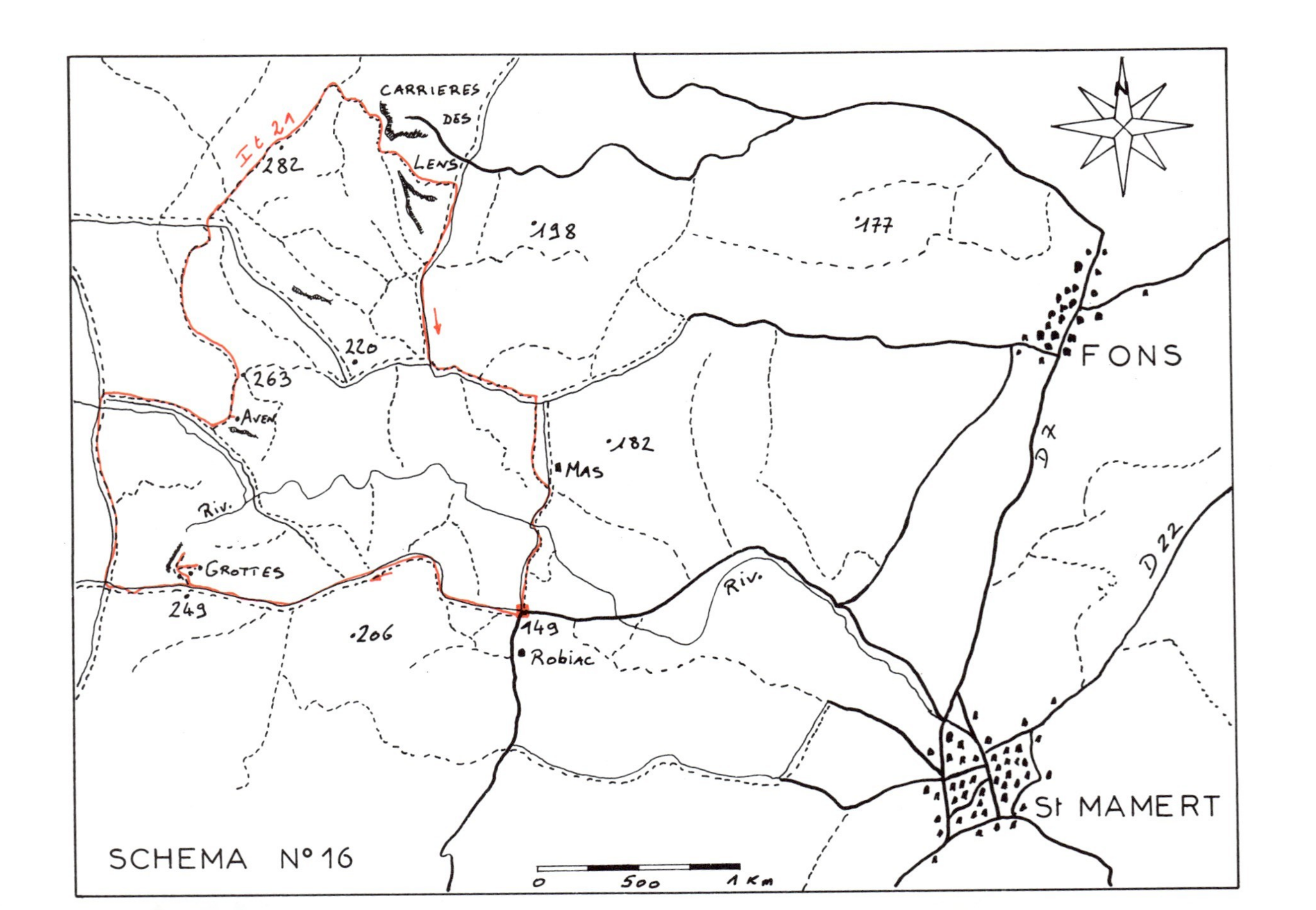
CARRIERES DES LENS
It 21
FONS
St MAMERT
D 22
N
Riv.
Riv.
Mas
Robiac
GROTTES
AVEN
177
198
182
149
206
220
263
282
249
0
500
1 Km
SCHEMA N° 16

vite le DFCI E13 *bis* et avec lui les GR et PR. Prendre à gauche, descendre dans la vallée. Au carrefour, se diriger vers le mas à droite (choisir le premier chemin). Retrouver les véhicules en continuant toujours tout droit.

Itinéraire n° 22

LES CARRIÈRES DE VERS ET CASTILLON DU GARD

schéma n° 7, page 38

Pour construire le pont du Gard, il fallut des pierres et donc des carrières, les Romains trouvèrent tout ce qu'il leur était nécessaire au nord de Vers. Les carrières sont toujours en exploitation, surtout avec l'engouement des Français pour les cheminées. Nous vous proposons de découvrir ces lieux d'extraction et de taille de la pierre de Vers. Par la même occasion, nous visiterons Castillon-du-Gard, les garrigues environnantes et quelques vestiges de l'aqueduc romain.

Temps : 3 h 45 mn.

Difficulté : Un peu long mais il est possible d'écourter la randonnée. P2-T1.

Dénivellation : 130 m.

VTT : Courts passages en petits sentiers. Monter à Castillon par la route.

Carte : IGN n° 2941 est, Remoulins.

Recommandations :
Du fait du bruit mais surtout de la poussière, nous vous déconseillons d'entreprendre cette randonnée en semaine quand les carrières sont en pleine activité. Le vent peut être redoutable, toujours à cause de la poussière.

Accès :
De Remoulins, prendre la D. 19 en direction d'Uzès, après la Bégude-du-Pont-du-Gard, tourner sur la D. 227 en direction de Vers. Dans le village, se diriger vers les carrières est, laisser les véhicules sur la place du Marché, à l'ombre des platanes.

Description de l'itinéraire :
Aller vers l'ouest, pénétrer dans le village. A la place Neuve, prendre à droite derrière la magnifique bâtisse restaurée. Suivre les indications « carrières, tailles de pierres » pour prendre en direction de l'ouest à la sortie du village. Laisser à droite le chemin de « Roc Plan » au bout duquel subsistent les vestiges de l'aqueduc romain.
— 5 mn pour l'aller-retour.

Passer devant une carrière romaine, marcher sur un agréable chemin pourvu de magnifiques ornières. A la croix, emprunter le sentier vers le nord.
— 20 mn.
Au carrefour suivant, choisir à gauche le chemin le plus évident, on arrive sur une voie carrossable, aller à droite jusqu'à la carrière.
— 20 mn.
Prendre à gauche avant de pénétrer dans le chantier. Monter sur ce large chemin, au premier carrefour, choisir la droite et redescendre vers les carrières. Continuer à l'est parmi les chèvrefeuilles odorants à la belle saison, passer un vallon et, peu après, aller au sud où l'on découvre une « micro-carrière » désaffectée dans laquelle poussent quelques arbres. Marcher sur des dalles plates puis sur un chemin aux multiples ornières millénaires. Descendre vers le sud puis le sud-est. Nous nous trouvons au milieu de deux carrières en exploitation. Poursuivre par un sentier. Au croisement, choisir la gauche et, 10 mètres plus loin, tourner encore à gauche sur une sente s'enfonçant dans des cades. Passer un muret, aller vers le sud-est. Au carrefour, prendre à droite, forcer le passage dans des arbustes pour vite retrouver le sentier. Marcher vers le sud, on arrive assez vite à un bon chemin. Sur la gauche, la statue de Notre-Dame-du-Gardon attend votre visite. La vierge protège votre maison dans ses mains, une inscription vous le rappelle.
Gagner la route au sud. La randonnée continue à gauche mais il est possible de rentrer à Vers par la droite.
— 45 mn.
Prendre donc à gauche puis à droite face au chemin qui conduit à la carrière. Cette route se transforme en large chemin carrossable. Magnifique vue sur le Pont du Gard et les trois collines de St-Roman au loin. Descendre jusqu'à une combe où l'on choisit la gauche.
— 20 mn.
Là aussi, il est possible d'écourter la randonnée en prenant à droite (voir description de l'itinéraire plus loin).
Marcher sur ce sentier qui passe dans la garrigue puis longe des champs cultivés. Au pied du village de Castillon-du-Gard — siège de nombreuses batailles entre catholiques et protestants — monter, derrière la croix, sur un magnifique chemin dallé.
— 30 mn.
Un joli belvédère s'offre à vous, pour l'admirer, il suffit de prendre à gauche, face à l'église, afin de se rendre sur la place Mistral. Retourner à l'église, passer derrière, descendre quelques marches, continuer vers le sud. Au château d'eau, choisir la droite, descendre puis suivre une sympathique sente. A la bifurcation, passer à droite sur un muret, au carrefour suivant, aller à gauche, marcher jusqu'à la route. Emprunter le goudron à droite, jusqu'à l'entrée d'une nouvelle carrière.
— 25 mn.
Continuer sur la route, à gauche puis à droite. S'enfoncer sur un chemin à la dextre (flèche bleue sur le goudron). Remonter le vallon pour atteindre une bonne voie, continuer tout droit.
Lorsque l'on arrive à la bifurcation visitée précédemment, prendre à gauche une sente bien marquée. Au carrefour suivant, monter à gauche

pour atteindre le plateau. Choisir la droite en se fiant tout d'abord aux traces blanches au sol puis en les laissant lorsqu'elles indiquent la gauche. Continuer tout droit, en marchant vers l'ouest. Lorsque le chemin bute sur une voie transversale, tourner à gauche pour passer à droite de deux gros blocs de pierre de taille. Après 300 mètres, prendre à droite puis à gauche, marcher vers le sud sur une longue ligne droite pour arriver aux vestiges romains.
Il s'agit d'un pont de l'aqueduc qui acheminait l'eau d'Uzès à Nîmes, cette construction beaucoup moins imposante que le pont du Gard n'en est pas moins plus longue et ne manque pas de charme. Sur les flancs de l'aqueduc, on peut remarquer des dépôts calcaires dont l'origine est les prises d'eau qu'effectuaient les paysans pour irriguer leurs champs.
Revenir sur ses pas (on peut également continuer tout droit, traverser l'aqueduc par une sorte de brèche puis revenir au nord par l'autre côté), tourner à gauche, passer les restes de l'aqueduc en remarquant les dépôts calcaires sur la droite, continuer sur un joli chemin ombragé jusqu'aux villas. Suivre le goudron vers la gauche jusqu'au village.
— 1 h.

Itinéraire n° 23

LE CAMP DE CÉSAR ET LE PLATEAU DE LACAU

schéma n° 11, page 50

Le Camp de César, ancienne place forte gauloise occupe une position priviligiée dans la vallée du Rhône. On ne peut rêver meilleur belvédère pour surveiller les éventuels assiégeants. Cela n'a pas empêché les Romains de se rendre maîtres des lieux.
Cet itinéraire permettra de découvrir la forêt du plateau de Lacau et la vue sur la vallée du Rhône.

Temps : 4 h.

Difficulté : Passage dans un sous-bois sauvage. P2-T1.

Dénivellation : 220 m.

VTT : Très difficile. Portages...

Carte : IGN n° 2940 est, Bagnols.

Recommandations :
Nous vous demandons la plus grande discipline aux abords des fouilles.
Randonnée à éviter en plein été, prévoir de l'eau.

Accès :
Attention, ce n'est pas tout simple !

Laudun se situe un peu avant Bagnols-sur-Cèze en venant de Remoulins. Dans le village, tourner à gauche devant la poste en direction de la place du 19-Mars-1962 (rue Joliot-Curie). En haut, aller à droite, rue Mermoz puis, après une croix située à droite, tourner à gauche en direction de l'impasse Branly. Ne pas s'engager dans ce cul-de-sac mais monter jusqu'au carrefour où il faut prendre la rue Frédéric-Sauvage située légèrement à gauche. Passer le lotissement et rouler jusqu'au bout du goudron. Stationner sous les pins.

Description de l'itinéraire :
Prendre le chemin du Camp de César, voie bien aérée offrant un joli belvédère sur les méandres du Rhône. Au passage du Loup, aller à droite pour atteindre le plateau sommital.
Vue magnifique sur la vallée. A vos pieds, les figures rectilignes des vignes s'opposent aux courbes du fleuve. Vous pouvez avancer jusqu'à l'extrémité nord-ouest du plateau (ruine). On découvre alors le château du Gicon au loin et, omniprésent, le complexe nucléaire de Marcoule.
Revenir sur ses pas jusqu'au passage du Loup, continuer vers le sud-est sur un bon chemin que l'on quitte, peu après, pour rester en bordure des falaises. Descendre par une forte pente dans un vallon, aller à gauche pour trouver le GR 42.
— 1 h depuis le début.
Monter un raidillon sur la droite en suivant le balisage rouge et blanc. Au sommet, choisir à droite, ne pas se fier aux indications du petit panneau. Traverser un joli sous-bois de buis et de chênes pour trouver un bon chemin. Poursuivre tout droit. Nous voilà en terrain plat, atteindre un réservoir d'eau peu après avoir laissé le GR.
— 35 mn.
Continuer sur cette large voie, dans le virage, aller à gauche, on arrive assez vite à une lavogne pour les sangliers. S'engager sur le petit sentier en contrebas, longer une vigne, traverser une pinède, rejoindre alors un bon chemin.
— 25 mn.
Choisir la gauche afin de remonter un vallon. Prendre le premier chemin de droite, traverser un petit ruisseau. Au niveau de quelques genêts géants, s'engager sur un sentier à droite. Cairn ainsi que ruban blanc à une branche (ne pas aller au bout du large chemin, il faut tourner avant de retraverser le ru).
Pénétrer dans un sous-bois, entreprendre l'ascension.
La sente est parfois encombrée de végétation. L'endroit est très sauvage, le sous-bois, magnifique, est de plus en plus dense, procurant un peu de fraîcheur.
Alors que l'on atteint le plateau, on bute sur un sentier et l'on choisit la droite. On retrouve assez vite le GR. Prendre à gauche vers le sud.
— 45 mn.
Les cystes mauves et blanches, les iris, le thym et le romarin forment un tapis floral magnifique.
Pour se rendre à la chapelle, il suffit de suivre les indications du panneau indicateur. Au chemin, aller à droite pour parvenir devant l'édifice entouré de chênes verts.

Retourner au carrefour, descendre plein sud sur le large chemin. Avant le mas, tourner à gauche, longer la vigne, passer un petit col et atteindre les véhicules.
— 30 mn depuis la chapelle.
On peut également choisir de terminer la randonnée par le GR, dans ce cas, de St-Pierre-de-Castres, retourner au panneau indicateur puis prendre à droite.

Itinéraire n° 24
LE MONT BOUQUET
schéma n° 9, page 46

Cet itinéraire, assez long, permet d'effectuer le tour complet du mont Bouquet. La seule difficulté est la longueur du parcours. Un projet de Biotope concernant l'ensemble du massif est à l'étude. Il permettrait de préserver les espèces menacées : rapaces, chauves-souris et bien entendu la flore très riche dans ces vallons sauvages. Un incendie a détruit pratiquement toute la partie est du mont Bouquet, espérons qu'il n'y aura pas d'autres ravages causés par ces maudites flammes qui sont devenues un véritable fléau pour notre région.

Temps : 6 h.

Difficulté : Très long. P3-T1.

Dénivellation : 665 m.

VTT : Monter au château par la route puis des DFCI (voir carte).

Carte : IGN n° 2840 est, St-Ambroix.

Recommandations :
L'itinéraire décrit peut se faire en toute saison mais les journées de fort mistral peuvent être très désagréables, notamment aux alentours du castelas et au sommet du mont Bouquet. D'impressionnantes falaises bordent ces points, il faut donc faire très attention, surtout avec des enfants.

Accès :
Prendre la D. 6 qui va de Bagnols-sur-Cèze à Alès pour pénétrer dans le petit village de Seynes, au pied du mont Bouquet. Stationner sur le grand parking en terre battue qui se trouve dans le bourg.

Description de l'itinéraire :
S'engager sur la petite route face au parking en direction du réservoir d'eau. Poursuivre par un chemin vers le nord-est qui longe la base de la colline (tracé jaune) pour monter ensuite par un sentier sur la gauche peu avant de rejoindre la route du mont Bouquet. Dès lors, nous lais-

sons le PR, le départ de ce petit sentier est peu visible, après la petite butte de terre.
— 20 mn depuis le départ.
Au fur et à mesure que l'on s'élève, la vue s'élargit aux pays de l'Uzège, aux Alpilles, aux deux Lubérons, la Ste-Victoire, au plateau du Vaucluse, au mont Ventoux et au Nyonsais.
On rejoint le tracé jaune que l'on avait laissé au début de l'ascension, ainsi que les marques rouges et bleus de deux autres itinéraires. Prendre à droite.
— 25 mn.
Par grand beau temps, les Alpes nous offrent une belle vue de l'ensemble de ses massifs. A nos pieds, s'étale le triste spectacle de la garrigue dévastée par les flammes, décor malheureusement de plus en plus présent dans notre région. La traversée d'une forêt de buis nous fait un peu oublier ce paysage calciné. Alors que l'on arrive sur un large coupe-feu, on découvre les constructions de la ville d'Alès ; fourmilière urbaine avec comme toile de fond le merveilleux pays cévenol.
Se diriger vers l'antenne, poursuivre vers le nord par des sentiers jusqu'au sanctuaire du mont Bouquet. Des messes sont célébrées ici, le dimanche de Pentecôte, et le premier dimanche de septembre.
— 20 mn depuis la forêt de buis.
Le site, très venté, sert de piste d'envol aux amoureux de delta-plane.
Longer les falaises vers le nord en se guidant aux traces jaunes du PR. Emprunter un sentier parmi les buis tout en se frayant un passage sur cette sente qui rétrécit à vue d'œil. On atteint le col du Bourricot, en contrebas on peut admirer la baume de Paysan, d'accès impossible par le haut.
Prendre à gauche le chemin qui descend dans la combe, les buis forment une voûte au-dessus de nos têtes et les feuilles mortes un tapis brun à nos pieds. Suivre les jalonnements jusqu'au château, contourner les ruines par la gauche. On peut accéder au castelas en passant près d'un énorme lierre. Attention aux murs ruinés qui ne demandent qu'à s'effondrer.
— 30 mn depuis le col.
Certains pans de murs étonnamment conservés contrastent avec l'ensemble du site, les caprices du temps ont laissé un drôle d'air à ce château.
Revenir sur le chemin, descendre côté est en suivant la large voie. Au carrefour, choisir la gauche. Peu après, on aperçoit un sentier en contrebas, le rejoindre et se diriger vers le mas de Talain. Remarquer un puits bien conservé.
— 25 mn depuis le castelas.
Continuer la marche vers le nord, passer au milieu d'une forêt d'arbres calcinés. Ces squelettes témoignent de la violence de l'incendie. Au carrefour, conserver la direction du nord, marcher toujours tout droit vers une pinède. Vue sur le mont Lozère.
— 30 mn depuis le mas.
Poursuivre par un sentier, prendre un coupe-feu sur la gauche. Incliner la marche vers le sud. Après 20 mn, la voie destinée aux pompiers monte à gauche, s'engager sur le chemin qui continue plein sud (point

coté 267 sur la carte). Descendre par un sentier vers la route à l'ouest. Peu avant le goudron, tourner à gauche, passer sur des murs de soutènement, traverser un vallon, se diriger vers le sud en restant parallèle à la départementale 7 toute proche. Au croisement, aller à droite jusqu'à un bon chemin, choisir encore la droite puis marcher tout droit pour, 50 mètres plus loin, préférer un sentier encore vers le sud. Traverser un autre bon chemin, progresser vers le Midi en zigzaguant pour trouver des passages à travers des zones d'arbres clairsemés, arriver à une voie très large qui s'enfonce dans la colline à gauche. Là, il y a deux solutions :
— soit rejoindre le village de Brouzet par la route ou des sentes parallèles au goudron. On gagne une heure par cet itinéraire ;
— soit s'engager dans la colline, sur le chemin à gauche puis à droite. Remonter tout le vallon, on peut ainsi visiter des carrières désaffectées. Après la première, suivre le premier chemin de droite, passer près des cèdres, remarquer les traces des engins de forage à la deuxième carrière. Grimper jusqu'à la troisième carrière, la plus grande. Ne pas pénétrer à l'intérieur mais la contourner par la droite en choisissant le chemin qui monte. Descendre jusqu'à la route en franchissant des monticules de gravats.
— 1 h 15 depuis le large coupe-feu.
Atteindre Brouzet par la petite route.
— 20 mn.
Traverser le village en direction du sud, emprunter le sentier botanique à gauche (vaste panneau indicateur). Suivre les jalonnements en se familiarisant avec les essences végétales de la région. Au carrefour près des magnifiques cèdres, choisir le DFCI 33 en direction du sud-est.
— 25 mn de sentier botanique.
Conserver la même direction. On retrouve le PR après encore 25 mn de marche. Enfin, on aperçoit le sympathique village de Seynes que l'on rejoint en se guidant aux traces jaunes.
— 35 mn pour achever la randonnée.

Itinéraire n° 25

LE CIRCUIT AMÉNAGÉ DES CONCLUSES

schéma n° 17, page 79

Grâce aux efforts de certains, ce circuit qui, au départ, est assez difficile, peut être parcouru par tout un chacun. Les magnifiques canyons taillés dans le calcaire par l'Aiguillon sont une des merveilles du département. Vous pourrez donc déambuler en toute sécurité dans les gorges jusqu'à la fameuse porte des Concluses. Plus loin, les défilés sont réservés aux plus sportifs (voir le dernier itinéraire de ce livre). Lussan, tout proche, est un village fortifié que l'on peut visiter pour compléter merveilleusement la journée.

Temps : 1 h.

Difficulté : Quelques sentes escarpées. P1-T2.

Dénivellation : 100 m.

VTT : Impossible

Carte : IGN n° 2940 ouest, Lussan.

Recommandations :
Cet itinéraire, bien qu'aménagé, se déroule tout de même sur des sentes escarpées et dans des canyons, au ras de l'eau. Prudence donc ! Les meilleures périodes sont l'automne et le printemps ; il ne faut pas s'engager dans ces gorges par grosses eaux. De nombreux échappatoires sont prévus sur tout le circuit en cas de montées des eaux (rarissimes !).

Accès :
D'Uzès, emprunter la départementale D. 979 en direction de Barjac. A Lussan, tourner à droite sur la D. 143, suivre les panneaux « Les Concluses ». Stationner sur le parking où il vaut mieux ne rien laisser dans les véhicules.

Description de l'itinéraire :
Descendre par le sentier aménagé. On dégringole ainsi en sous-bois, tout en étant en parfaite sécurité grâce aux rampes. Le chemin est assez raide et il peut devenir glissant par temps humide. En bas, aller à droite en admirant les multiples vasques creusées par l'eau dans le lit calcaire de l'Aiguillon. Le premier passage délicat se franchit sur la droite avec l'aide d'une main courante. Ensuite « la grotte de la Vierge » et la « salle des stalactites » se cachent au pied d'une haute falaise à droite. Dommage que les stalactites soient toutes cassées, initialement, elles devaient être très impressionnantes. Peu après, sur la gauche, un lierre fossilisé attire les regards. Continuer la randonnée en se fiant aux traces assez nombreuses. Le passage suivant est assez aérien, il se déroule sur un rocher mais un câble rend la tâche plus facile. Une traversée dans une bien belle forêt de buis fait suite. On retrouve alors la rivière et un nouvel obstacle équipé qui conduit au « gouffre du Noir ». Après une marmite géante, suivre les flèches rouges qui, par une magnifique forêt de feuillus, conduisent au portail des Concluses.
— 45 mn depuis le début.
Cette magnifique arche naturelle enserrée au pied de ces hautes falaises est un lieu privilégié qu'il faut savourer paisiblement.
Si le niveau de l'eau le permet, s'engager dans les étroits canyons le plus loin possible. Généralement, dans un coude à droite, l'eau empêche la progression et il n'y a plus qu'à faire demi-tour.
Monter sur le plateau par le bon chemin rive droite qui prend naissance aux abords du portail des Concluses. On peut ainsi terminer la randonnée en toute tranquillité. Un dernier regard sur les gorges est possible d'un belvédère très aérien. Attention aux enfants.
Revenir aux véhicules par ce chemin facile.

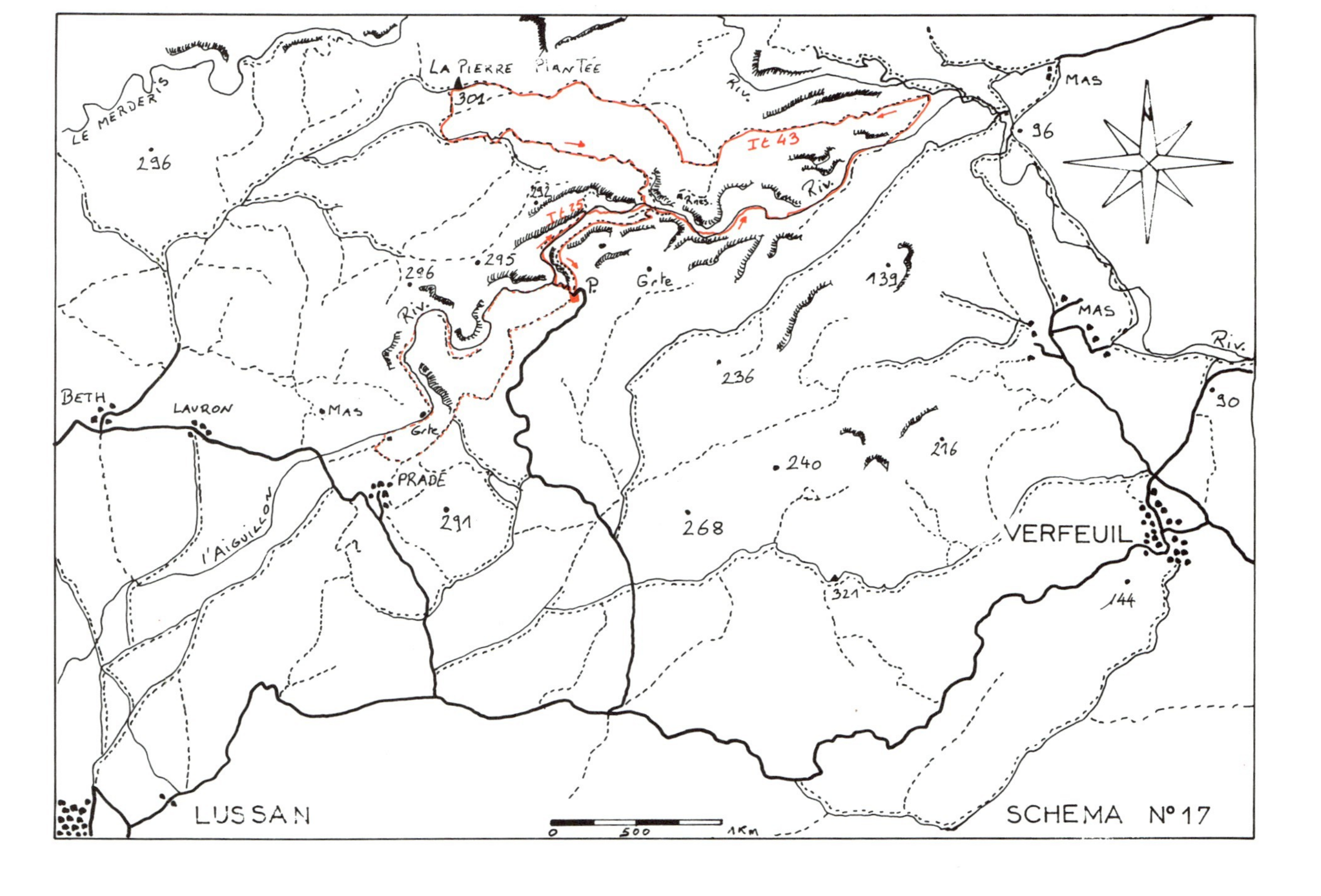
LA PIERRE PLANTÉE
301
LE MERDERIS
296
It 43
It 35
Riv.
MAS
96
292
295
296
P.
Gite
139
MAS
Riv.
236
90
BETH
LAURON
Mas
Gite
216
240
PRADE
291
268
l'AIGUILLON
VERFEUIL
321
144
LUSSAN
0
500
1 Km
SCHEMA N°17

Itinéraire n° 26
UZÈS
schéma n° 13, page 62

Le château ducal, la tour Fénestrelle, les ruelles, la place du Marché, la promenade des Marronniers, en un mot l'ensemble de la vieille ville, tout dans cette ville — le plus vieux duché de France — tout est remarquable. Il va sans dire que si vous ne connaissez pas Uzès, voilà une belle occasion de combler une lacune.
Cet itinéraire, que nous avons voulu assez court pour que vous puissiez visiter également la ville, permet de goûter aux joies de la nature tout en restant aux portes d'Uzès. Le samedi matin, un marché aux fruits et légumes vous prouvera qu'il fait bon vivre à Uzège, il ne faut surtout pas le rater.

Temps : 2 h.

Difficulté : Peu difficile. P1-T2.

Dénivellation : 150 m.

VTT : Dangereux aux falaises.

Carte : IGN n° 2941 ouest, Uzès.

Recommandations :
Au printemps et un samedi nous semble un choix judicieux pour effectuer cette randonnée. Malgré le peu de difficulté de cet itinéraire, il faut rester prudent en redescendant dans le vallon face à la tour Fénestrelle.

Accès :
Depuis Nîmes, on arrive à Uzès en passant par le pont St-Nicolas qui enjambe le Gardon. Dans la ville, stationner sur un parking à l'est de la tour Fénestrelle.

Description de l'itinéraire :
Passer côté ouest de la majestueuse tour, par des escaliers, gagner une ruelle qui descend vers l'Alzon. PR 35. Au bout du goudron, choisir la droite en se guidant aux jalonnements jaunes du PR. Peu après, emprunter le chemin de gauche vers le mas Gazotte. On arrive assez vite au moulin de Gisfort, admirable lieu champêtre au bord de la rivière.
Remarquez une source dissimulée en contrebas dans une maisonnette. A deux pas de la ville, nous voilà en pleine campagne.
Poursuivre sur la route puis sur un sentier en corniche.
— 15 mn depuis le départ.
Lorsque l'on bute sur un mur de clôture, passer à droite sous de magnifiques pins. Un sentier se dégage sur la droite, monter la colline, on arrive sur une plate-forme à proximité d'une carrière.
— 15 mn depuis Gisfort.
Poursuivre la marche vers le sud sur une voie charretière ombragée. Dans un virage se trouve une grotte avec un escalier et une curieuse

La Baume

Le Pont du Gard en été

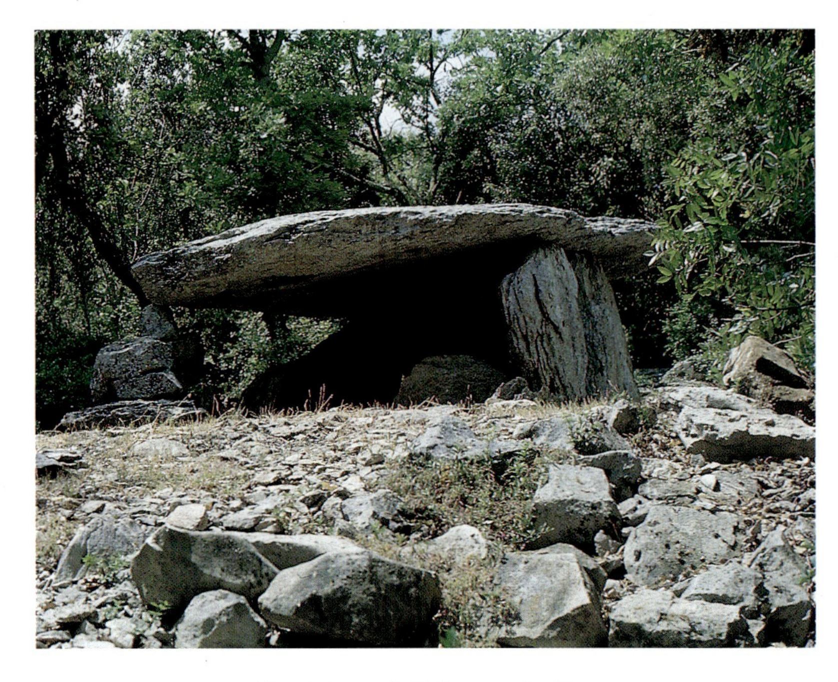

Un dolmen à Méjannes-le-Clap

L'aqueduc romain à Vers

plate-forme taillée dans la pierre. En fait, il s'agit d'un monument religieux celtique, la plate-forme était l'autel des druides.
Aller vers le moulin de Bargeton puis le château. Ensuite, monter à droite par le tracé rouge, longer un mur jusqu'à un croisement. Prendre à gauche après le muret, marcher sur des dalles plates, passer deux mazets. Au second, flanqué d'un grand cyprès, obliquer sur la gauche, descendre par des dalles en direction d'Uzès.
— 30 mn.
Remarquez sur la roche à vos pieds, les croix gravées par les Compagnons qui empruntaient cette voie lors de leur tour de France.
De retour près du manoir, tourner à droite, monter dans la colline. On surplombe le château Bérard construit avec de petites briquettes rouges, architecture assez rare dans la région. Progresser jusqu'au plateau en traversant un hameau de mazets en pierres sèches ; nous ne pouvons pas préciser si l'eau de la fontaine est potable.
Au sommet de la côte, bifurquer à gauche au carrefour qui se trouve après deux ruines.
— 20 mn depuis le château.
Le chemin descend droit vers Uzès puis vient mourir contre la falaise.
Etre à la fois si près et si loin d'une ville de cette importance, cela tient du miracle ! Nous sommes en pleine garrigue, « terre rauque, toute noyée de soleil », comme le disait André Gide.
Aller à droite.
On peut passer également par la gauche mais de ce côté, le parcours est difficile. Si vous choisissez cette option, aller à gauche jusqu'à un pin. Là, descendre vers d'autres pins puis incliner la marche sur la droite en passant à proximité d'une grotte puis, par des marches taillées dans la roche, descendre dans un petit cirque. Attention à ne pas rater ce passage, la falaise de part et d'autre des escaliers est très dangereuse.
Si vous optez pour la droite, longer la falaise vers le nord jusqu'au bout du chemin puis, par une sente escarpée, dégringoler jusqu'au bas près d'un stade. Passage délicat.
— 15 mn.
Dans le pré, il est possible de longer la rivière vers le sud jusqu'à la manade de taureaux. De magnifiques passages au bord de l'eau vous attendent.
— 30 mn aller-retour.
Sur la droite, après le stade, la fontaine d'Eure offre son eau à la ville. C'était déjà cette fontaine qui alimentait Nîmes, ville romaine. D'ailleurs le pont du Gard fut construit pour acheminer cette eau jusqu'à Nîmes.
Se diriger vers la tour et les ruines du moulin, passer le pont et prendre tout de suite à droite derrière le mur de la bâtisse. Monter jusqu'à la construction qui servait à la surveillance des lieux. Peu après, des marches permettent d'accéder à une porte que l'on franchit pour arriver sur un large chemin qui conduit au jardin d'enfants. De là, rejoindre les véhicules en passant près de la piscine.
— 25 mn.

Itinéraire n° 27
LA FORÊT DE COUTACH
schéma n° 15, page 66

Dès le départ, nos yeux sont éblouis par la beauté du site. Le pont du Hasard, arche naturelle qui relie les deux versants du canyon entaillant la montagne de Coutach, vaut la balade à lui tout seul. La chapelle, datant des XIIe et XIIIe siècles, est construite sur d'étranges falaises et offre un belvédère de très grande qualité.

Temps : 3 h.

Difficulté : Facile malgré quelques passages rocheux. P1-T2.

Dénivellation : 200 m.

VTT : Ne pas passer par le pont du Hasard. Très technique.

Carte : IGN n° 2747 est, Claret.

Recommandations :
Randonnée classique pouvant s'effectuer en toute saison avec une nette préférence pour l'automne. Deux solutions s'offrent à vous pour atteindre la chapelle ; la première est plus attrayante mais un peu plus dure techniquement ; la seconde emprunte le chemin de croix mais évite le pont qui est l'objet principal du parcours.

Accès :
Depuis Nîmes, prendre la D. 999 jusqu'à Quissac, puis la D. 45 vers Corconne. Stationner dans le village, près de la mairie.

Description de l'itinéraire :
(Si vous désirez éviter le pont du Hasard, voir plus loin.) Suivre le tracé jaune vers le nord. Aller au fond du cirque. En s'approchant des falaises, on peut remarquer la complexité de leur architecture. Dièdres, fissures, surplombs s'enchevêtrent sur nos têtes. Après avoir traversé un torrent à sec, le sentier se rétrécit, passer sur des blocs rocheux pour arriver au pied de la paroi. Derrière un ultime passage, on découvre la magnifique arche du pont du Hasard, merveilleux caprice de la nature.
— 20 mn depuis le départ.
Suivre la flèche rouge afin de gravir une brèche-cheminée en s'aidant un peu des mains, monter parmi des rochers et des buis, gravir un dernier ressaut calcaire pour profiter pleinement de la vue. Aller à gauche dans un pierrier, et atteindre le château par un bon sentier sur le plateau sommital. Pour accéder à la chapelle, contourner les ruines par la droite ; côté sud, des escaliers permettent de grimper sur une plate-forme.
Remarquer l'agencement des lieux qui permettaient de servir le culte. Ce castellas fut l'objet de maintes batailles entre catholiques et protestants au XVIIe siècle.
— 20 mn.
Pour ceux qui connaissent déjà le pont du Hasard ou qui préfèrent un cheminement plus tranquille, voici par où passer :

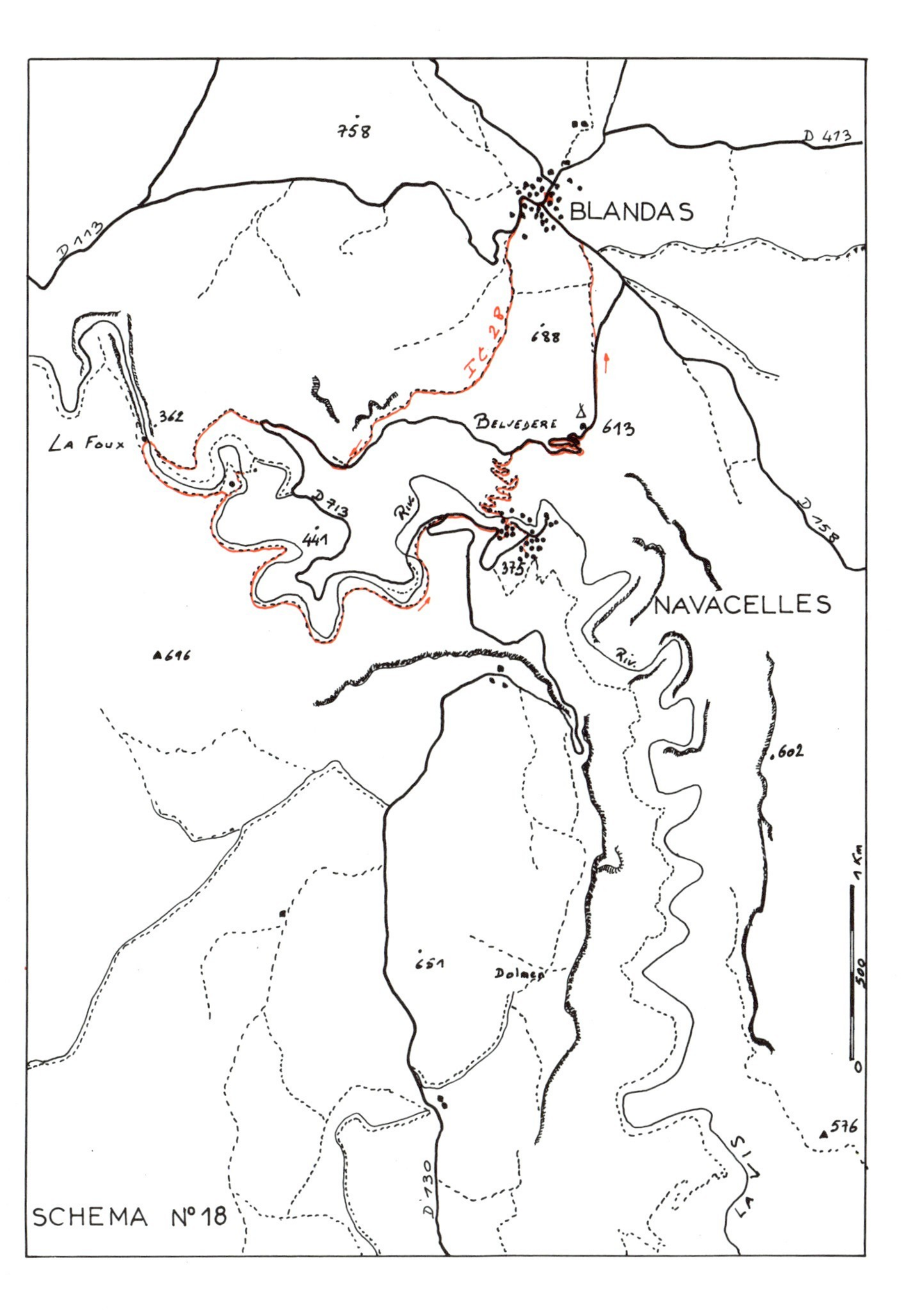

758
D 413
BLANDAS
D 113
688
IC 28
362
LA FOUX
BELVEDERE
613
D 713
441
Riv.
375
NAVACELLES
D 758
696
Riv.
602
1 Km
500
0
651
Dolmen
576
D 130
LA VIS
SCHEMA N°18

Au départ, monter au réservoir par la petite route au-dessus du parking. Après quelques maisons, suivre le tracé rouge et bleu qui mène à la chapelle. Après avoir gravi quelques marches, on quitte définitivement le village pour atteindre le sommet de la colline et la petite église par un ancien chemin de croix.
— 20 mn.
Vues sur les collines environnantes, le Ventoux et le pic St-Loup.
Du castellas, revenir sur ses pas jusqu'à une clairière si l'on vient du pont du Hasard, ou suivre le tracé jaune vers l'est si l'on a choisi de monter par le chemin de croix (en fait, il s'agit d'un seul chemin que l'on parcourt pour la première fois si l'on n'est pas passé par le pont du Hasard). A la séparation du PR, prendre au nord puis à l'ouest. Le sentier serpente dans une mer de rochers ruiniformes au milieu d'une forêt de buis. Traverser un bois de chênes jusqu'à un large chemin.
— 45 mn (tracé jaune).
Au mois de juin, une multitude de papillons vous accompagnent tout au long de la randonnée.
Aller à droite, emprunter cette voie jusqu'à un grand cèdre.
— 15 mn.
Suivre la ligne de crêtes, en admirant les Cévennes, jusqu'au carrefour où on laisse le GR qui se dirige vers Sauve, pour continuer sur le PR vers l'est. Peu après, on longe une haie de cyprès et de cèdres. Marcher ainsi jusqu'à un autre carrefour.
— 35 mn.
Aller à droite (virage en épingle à cheveux). Le chemin se rétrécit, traverse une forêt pour devenir un beau sentier en corniche d'où la vue est magnifique sur la combe de la Grave et les environs. Au sud, vue sur les crêtes du pic St-Loup et la mer. Descendre ainsi jusqu'à la plaine où l'on trouve un chemin qui mène aux véhicules en longeant les falaises dominant Corconne.
— 45 mn.

Itinéraire n° 28

LA RÉSURGENCE DE LA VIS

schéma n° 18, page 83

Nous ne sommes plus tout à fait en pays de garrigues mais nous avons inséré ce parcours dans le livre car les gorges de la Vis sont un des hauts lieux de la randonnée dans le Gard. Cet itinéraire permettra de découvrir la fabuleuse résurgence de la Vis ainsi que le cirque de Navacelles et le Causse de Blandas. Comme le prouvent ses méandres exceptionnellement serrés, le cours d'eau eut beaucoup de peine à se frayer un chemin parmi ces calcaires.

Temps : 3 h 30 mn.

Difficulté : Aucune. P2-T1.

Dénivellation : 350 m.

VTT : Difficile.

Carte : IGN n° 2642 est, Blandas.

Recommandations :
Eviter la saison chaude. Attention aux enfants aux abords de la résurgence.

Accès :
Se rendre à Blandas par Ganges ou Le Vigan puis Montardier (D. 48). Stationner dans le village.

Description de l'itinéraire :
Sortir du bourg par la route à l'ouest (D. 113 en direction de Vissec). Au panneau « La Foux Navacelles », emprunter un sentier sur la gauche. Dépasser une lavogne puis longer une clôture sur un plateau désertique. On surplombe les gorges. Descendre sur un petit sentier parmi les genêts tout en admirant les méandres de la rivière tout en bas. Continuer ce chemin en balcon, passer un bosquet de cèdres. Des buis et des sumacs jalonnent la randonnée. Marcher au pied d'une falaise pour arriver à la route.
Emprunter le goudron jusqu'au prochain virage en épingle à cheveux, prendre alors le sentier botanique. Descendre dans une magnifique forêt de cèdres jusqu'à la rivière en admirant les différentes stations botaniques.
— 1 h.
Cette résurgence, digne de « l'Imbut » au Verdon, est vraiment étonnante, un tel débit est inespéré dans cette région aride. L'eau joue à cache-cache dans les blocs rocheux puis finit par s'assagir, prisonnière des hautes murailles calcaires.
Traverser sur des ponts naturels, passer derrière le moulin puis reprendre le tracé vers la gauche en direction de Navacelles. Peu après, on arrive à une ferme ruinée : les Pujols.
En se dirigeant vers le nord sur ce plateau asséché, on trouve un passage assez difficile pour accéder au bord de l'eau. De l'autre côté de la rivière, une aire idéale de pique-nique près d'une station de pompage permet de se reposer au frais. Ce détour est facultatif surtout que, plus loin, il existe de nombreux accès au bord de l'eau.
Reprendre la randonnée vers l'est, rive droite de la Vis. Suivre les méandres de la rivière sur un bon sentier au bord de l'eau. Dépasser un barrage, s'élever pour gagner un large chemin au pied des falaises. On arrive à la route. Gagner Navacelles par le goudron puis des ruelles.
— 1 h 15 mn depuis La Foux.
Une visite du village est obligatoire. Les magnifiques maisons typiques et la cascade rendent ce lieu privilégié encore plus accueillant.
Traverser le cours d'eau grâce à un magnifique pont, entreprendre l'ascension par le GR. Ce bon chemin en pente douce et en larges lacets permet une grimpette sérieuse mais pas vraiment éprouvante. Un dernier raidillon conduit à la route. Marcher sur le goudron à droite jusqu'au panorama proche du relais-bar.

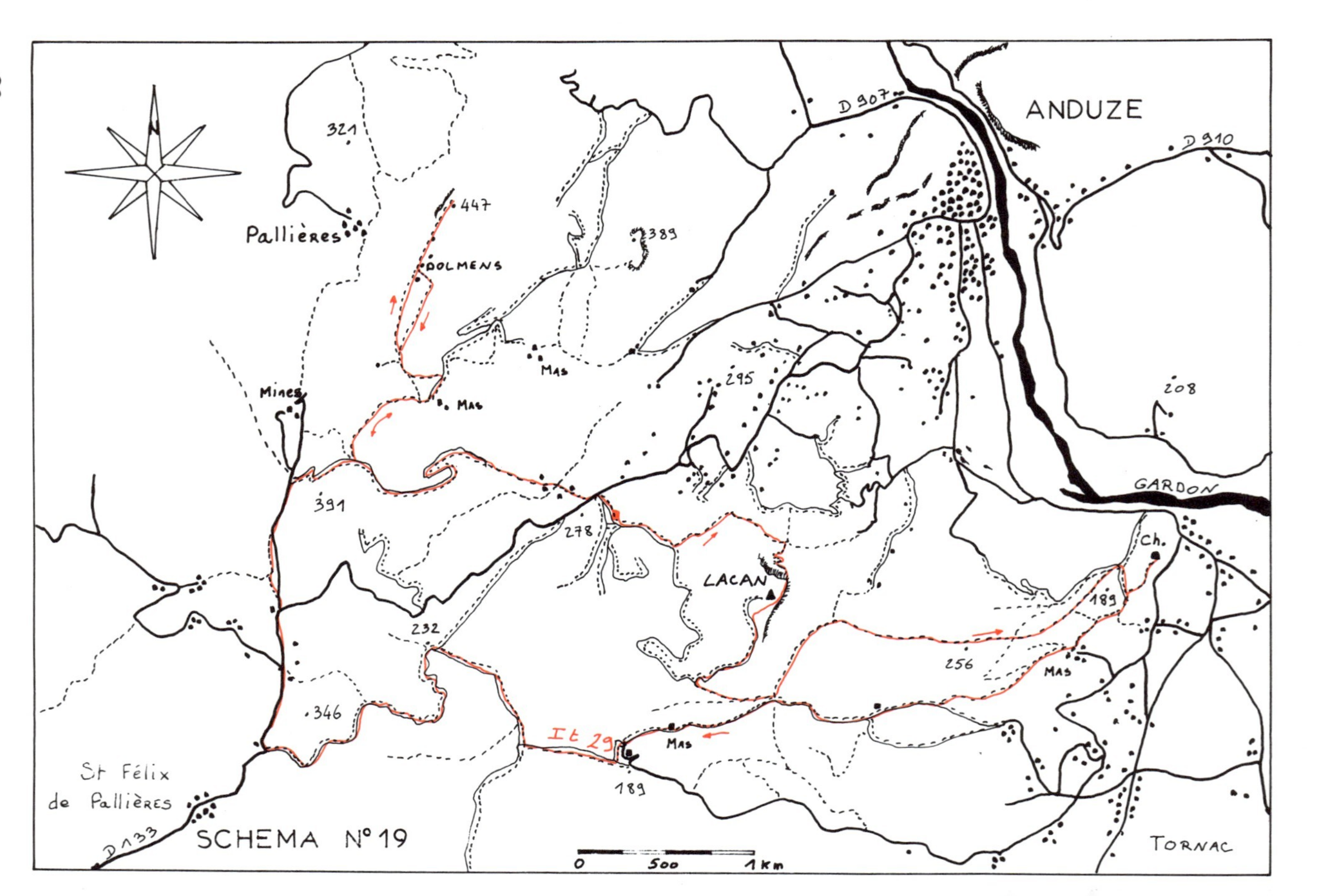
ANDUZE
D907
D910
321
447
389
Pallières
DOLMENS
Mas
295
208
Mines
Mas
GARDON
391
278
Ch.
LACAN
189
232
256
Mas
346
It 29
Mas
189
St Félix
de Pallières
D133
SCHEMA N°19
0
500
1 km
TORNAC

Fabuleuse vue sur le cirque de Navacelles. La Vis semble un serpent recroquevillé sur lui-même au milieu de ce paysage aride, sans vie apparente. Un agréable bistrot vous fera oublier les fatigues de la montée. Possibilité de camping gratuit derrière la bâtisse.
Suivre le GR par la route puis le plateau pour retrouver Blandas et les véhicules. Bien veiller à refermer correctement les barrières.
— 1 h 15 mn depuis Navacelles.

Itinéraire n° 29
LA GRANDE PALLIÈRE
schéma n° 19, page 86

« Andusia », ancienne cité gallo-romaine, fut une importante place forte protestante. De nombreux vestiges néolithiques ainsi que des dolmens se cachent dans les collines environnantes. Nous irons voir ces derniers après avoir fait un détour par le château de Tornac datant des XIe et XIIe siècles, détruit et reconstruit plusieurs fois, actuellement en voie de reconstruction. Cet ensemble de bâtisses, témoin de la guerre des camisards, est un but de promenade à lui tout seul. Il offre de très belles vues sur la vieille ville ainsi que sur les Cévennes et son mémorable portail proche du Gardon.

Temps : 7 h.

Difficulté : Très long avec de petits problèmes d'orientation. P3-T1.

Dénivellation : 450 m.

VTT : Difficile.

Carte : IGN n° 2841 ouest, Anduze ; n° 2741 est, St-Hippolyte.

Recommandations :
Randonnée très agréable, notamment en automne, pouvant s'effectuer en toute saison. Etant donné la longueur du parcours, il est souhaitable d'emporter à boire car aucune fontaine ni source potable ne viendront vous désaltérer. Le cheminement étant principalement ombragé, on peut même s'y aventurer l'été en partant très tôt le matin. Le parcours peut être écourté en plusieurs endroits.

Accès :
De Nîmes, se rendre à Anduze par la route d'Alès puis la D. 982. Dans la ville, prendre une petite route sur la gauche au niveau de la fontaine (D. 133). Aller jusqu'au camping puis s'engager sur une voie goudronnée à gauche. Stationner sur des terres-pleins avant l'incinérateur.

Description de l'itinéraire :
Aller jusqu'à la décharge pour emprunter le premier chemin sur la gauche. A l'approche d'une propriété, suivre un sentier sur la droite pour descendre dans une combe (tracé rouge et jaune).

Les ocres du sol ont favorisé la prolifération des pins, ce sentier est bien agréable à suivre en toute saison. Quelques châtaigniers se mêlent aux épineux nous rappelant la proximité des Cévennes.
En vue d'une maison, prendre à droite et, par une petite sente, aboutir à un sentier plus évident où il convient de tourner encore une fois à droite. Peu après, on arrive à une ruine.
— 25 mn.
Poursuivre vers Lacan en se fiant aux traces jaunes et bleues. Le chemin devient plus raide et plus aride.
Au fur et à mesure que l'on s'élève vers l'antenne, la vue se dégage sur la ville et les falaises. A l'est, le château de Tornac protège la cité.
Longer les crêtes vers le sud pour trouver un chemin bétonné par endroits, et commencer à descendre. Suivre le tracé bleu et jaune vers Veyrac en tournant à gauche dans un virage. Descendre jusqu'au Marel par un chemin en corniche.
— 40 mn.
Poursuivre sur la gauche (Veyrac) par un sentier balisé jaune et bleu jusqu'au castelas. On peut écourter la randonnée en évitant le parcours en direction du château.
Après un champ de genêts, une étrange forêt de châtaigniers, où sont blotties quelques cahutes en bois, nous accueille. A quoi servaient donc ces habitations ? Peu après, la végétation change, les chênes verts font leur apparition.
Ce sous-bois nous conduit jusqu'à un chemin. Descendre un peu puis tourner à droite pour monter au château. Ce dernier se situe sur une colline à gauche et on y accède par une ancienne voie dallée.
— 40 mn.
Ces ruines, en cours de restauration, abritent de belles voûtes, quelques caves et un donjon. De la terrasse, la vue s'élargit à toute la plaine et à tous les massifs montagneux environnants, offrant un cours de géologie à ceux qui savent admirer ces plissements.
Redescendre jusqu'au parking, longer la clôture vers le sud, traverser une olivette et suivre le GR jusqu'à une vigne. Au niveau d'un poirier sauvage et d'un grenadier, un sentier prend naissance. Le suivre le long d'un muret (tracé rouge), jusqu'au mas du Pont. Tourner à droite entre les maisons pour gagner la colline. Monter jusqu'à son faîte par un bon chemin et continuer sur une sente à flanc de coteau dans la garrigue jusqu'à un chemin plus large. Prendre à droite.
— 30 mn.
Aller jusqu'au Bosc, puis incliner la marche vers le sud-ouest pour gagner le Marel.
— 20 mn.
Si au départ le chemin est typiquement orné des arbustes de la garrigue, peu à peu leur succède une forêt de pins aux fortes essences méridionales.
Peu avant le carrefour visité précédemment, emprunter un sentier sur la gauche qui conduit à une ferme. Au niveau de l'habitat principal, suivre la voie carrossable vers l'ouest. Marcher jusqu'à l'asphalte pour continuer sur un chemin à droite. Ne pas passer devant la maison, le sentier se trouve avant celle-ci. Descendre jusqu'au bon chemin dans le vallon.

Aller à droite encore une fois et suivre le ruisseau jusqu'à la source captée.
— 45 mn.
Longer cet agréable petit cours d'eau qui met un peu de fraîcheur et de verdure dans cette vallée aride, jusqu'à un pont où l'on retrouve le GR (chemin tracé vaguement en blanc). Prendre à gauche et monter jusqu'à la route en passant près des anciennes mines Joseph.
— 45 mn.
Emprunter le goudron sur la droite et suivre le tracé jaune et bleu jusqu'à un pont que l'on enjambe pour aller jusqu'au puits n° 1 par une toute petite route, ou un chemin parallèle, puis de nouveau la route (tracé jaune).
— 20 mn.
Monter à la Croix de Pallière par une voie sur la droite dans une belle forêt de pins. A la croisée des chemins, prendre à gauche afin de gagner Panissière.
— 20 mn.
Bruyères et fougères se mêlent aux arbousiers, chênes et pins, formant un ensemble surprenant pour les personnes habituées à la seule garrigue. Au mas, suivre le tracé jaune et bleu pour emprunter, peu après, un sentier sur la gauche (panneau dolmens). Monter dans la colline jusqu'à un carrefour multiple. Continuer tout droit, vous arrivez aux dolmens en passant par les crêtes.
— 20 mn.
Tout un ensemble de dolmens est éparpillé dans la nature, aux alentours des crêtes. A vous de découvrir ces étranges constructions en poursuivant la marche jusqu'au bout de la sente. Il est à remarquer les formes circulaires qui se retrouvent dans les enceintes et sur une pierre taillée pour quelque usage mystérieux.
Revenir sur ses pas jusqu'au premier dolmen, descendre alors à gauche, puis à droite pour rejoindre le carrefour dans la forêt. Revenir à la croix de Pallière.
— 30 mn.
Prendre la direction d'Anduze à gauche et suivre le tracé jaune et bleu dans un sous-bois de pins au sol ocreux. A la sortie de la forêt, près d'une maison, descendre jusqu'à la route, la traverser pour regagner les véhicules.
— 20 mn.

Itinéraire n° 30

LES MINES DE PHOSPHATE ET LA GROTTE DE BORDNÈGRE

schéma n° 13, page 62

Une curieuse résurgence qui ne coule que lors de forts orages, des vestiges de l'aqueduc romain — le fameux ouvrage titanesque qui depuis

Uzès alimentait en eau la ville de Nîmes — de biens étranges gouffres qui abritaient des mines de phosphate, enfin de la garrigue — particulièrement austère ici — voilà planté le décor de cette randonnée.

Temps : 3 h 15 mn.

Difficulté : Chemins encombrés de végétation. P2-T2.

Dénivellation : 130 m.

VTT : A faire en sens inverse. Descendre par le DFCI plus à l'est (prévoir carte).

Carte : IGN n° 2941 ouest, Uzès.

Recommandations :
Le départ de ce parcours se déroule dans une combe où il faut « bartasser », donc prévoir des pantalons longs. Nous vous déconseillons fortement de vous engager sur ces chemins en plein été, par fortes chaleurs. Les abords des gouffres sont très dangereux, attention aux enfants.

Accès :
Depuis Remoulins, emprunter la D. 981 vers Uzès. Peu après la route menant à Collias, prendre à droite en direction d'Argilliers. Remarquer au passage le château de Castille orné de nombreuses colonnes. Son propriétaire, M. de Castille, avait un goût immodéré pour les colonnes, il en a fait construire une multitude, un petit cimetière de l'autre côté de la départementale en témoigne. Aller jusqu'au village, stationner à proximité de l'église.

Description de l'itinéraire :
Pénétrer dans le hameau en direction du nord, poursuivre sur un chemin de terre jusqu'au réservoir d'eau. Prendre alors à gauche en contrebas et, par une sente, gagner le fond d'un ravin. Vous voici sur un petit sentier de chasseur où la progression est loin d'être simple. Passer au milieu des buis, des genêts-scorpions et des ronces. La marche n'est pas facile, ne pas hésiter à forcer les passages dans la végétation. Rester au fond de la combe jusqu'à arriver sous la ligne haute tension. Gagner le pylone de gauche par une sente qui grimpe parmi les cystes et le thym.
— 40 mn.
On trouve alors un bon chemin que l'on emprunte vers le nord. La vue se dégage au sud, on aperçoit sur le plateau la tour de contrôle du circuit de Lédénon. Après 10 mn de marche, on bute sur un chemin transversal, choisir la gauche. Au carrefour suivant, alors qu'une ferme en contrebas crée un peu de fraîcheur dans cette garrigue désolée, se diriger sur la gauche. Peu après, les chênes deviennent plus grands et peuvent même faire un peu d'ombre ou abriter du vent. Poursuivre vers l'ouest en remarquant quelques imposantes bornes en pierre. Marcher ainsi pendant 25 mn, puis prendre à droite et à gauche. Passer un vallon pour arriver aux deux premiers gouffres.
Les grillages ne sont pas là pour rien, il est vraiment très dangereux d'approcher des précipices.
Continuer vers l'ouest en passant devant une autre borne puis une zone de reboisement. Les arbres sont minuscules mais ils feront de l'ombre

un jour... s'ils ne brûlent pas avant. Au carrefour suivant, dans un bosquet, choisir la gauche, descendre dans ce joli bois de chênes et de buis. S'engager sur la gauche pour atteindre un autre gouffre derrière son grillage protecteur. Marcher vers le sud, peu après, un chemin mène aux mines de phosphate. Il y a plusieurs gouffres de même aspect et tout aussi dangereux que les précédents.
— 50 m.
Plus bas, alors que la vue s'élargit vers l'est, descendre par la voie de droite, jusqu'à la route goudronnée (passage sur des cailloux, jolie vue sur les champs dans la vallée).
— 20 mn.
Emprunter le goudron à gauche, puis un chemin de terre vers l'est. On atteint ainsi les vestiges romains.
Un magnifique petit pont et un tunnel étonnamment conservé rappellent quel « travail de romain » a été la construction de cet aqueduc. Tout près de là, une merveilleuse aire de repos sous des pins fait la joie des promeneurs du dimanche.
Descendre dans le lit du ruisseau, le suivre jusqu'à la grotte de Bordnègre.
La profondeur du talus de part et d'autre prouve la violence des eaux lors des orages. Pour les plus intrépides, la grotte est accessible par le mur calcaire de la cascade mais attention, juste derrière, une vasque peut jouer des tours ; se retrouver coincé à califourchon là haut n'est pas très agréable ! Attention : siphon au fond de la grotte.
Retrouver la pinède par un sentier sur le bord gauche du ruisseau.
— 25 mn.
Dépasser le mas de Bordnègre, aller vers l'est sur un chemin au milieu des vignes, ensuite la route permet de regagner le parking du départ.
— 25 mn.

Itinéraire n° 31

LES FALAISES DE SEYNES

schéma n° 9, page 46

Voici une randonnée qui permettra de visiter les falaises de Seynes, célèbres dans le monde de la grimpe. Itinéraire-tremplin peut-être pour s'initier à l'escalade.
Nous découvrirons également la grotte des Trois Ours, sépulture de l'âge de bronze. Le sentier en balcon permet enfin de belles vues sur l'ensemble de la région.

Temps : 3 h 45 mn.

Difficulté : Quelques passages délicats. P2-T2.

Dénivellation : 275 m.

VTT : Déconseillé.

Carte : IGN n° 2840 est, St-Ambroix.

Recommandations :
Attention aux abords des falaises, si des grimpeurs pratiquent leur sport favori, il faut se méfier des chutes de pierres toujours possibles. Ne pas déranger les escaladeurs par des commentaires intempestifs, ils ont besoin de beaucoup de concentration. Les cordes d'escalades traînent souvent à terre, il est absolument indispensable de bien prendre soin de ne pas marcher dessus, elles sont très fragiles.

Accès :
Le village de Seynes se trouve à l'est d'Alès sur la route qui va à Bagnols-sur-Cèze. Pénétrer dans le bourg, se garer sur un vaste parking en terre battue.

Description de l'itinéraire :
S'engager sur la petite route face au parking en direction du réservoir d'eau. Poursuivre par un chemin vers le nord-est qui longe la base de la colline (tracé jaune) pour monter ensuite par un sentier sur la gauche peu avant de rejoindre la route du mont Bouquet. Le départ de ce petit sentier est peu visible, après la petite butte de terre. Dès lors, nous laissons le PR.
— 20 mn depuis le départ.
Au fur et à mesure que l'on s'élève, la vue s'élargit aux pays de l'Uzège, aux Alpilles, aux deux Lubérons, à la Ste-Victoire, au plateau du Vaucluse, au mont Ventoux et au Nyonsais.
On rejoint le tracé jaune que l'on avait laissé au début de l'ascension, ainsi que les marques rouges et bleus de deux autres itinéraires. Prendre à gauche.
— 25 mn.
Le sentier redescend. Jolie vue sur Seynes et, au loin, les valonnements bleutés. La marche est assez malaisée dans des pierres, au niveau d'un éboulis, prendre à gauche pour aller visiter la grotte des Trois Ours (tracé bleu). Suivre les jalonnements vers le bas puis la gauche jusqu'à l'entrée du tunnel.
— 20 mn depuis le croisement.
Faire très attention aux couleuvres qui sont nombreuses à la belle saison, elles se font dorer sur les pierres chauffées par le soleil. La grotte abrite une colonie de chauves-souris qu'il ne faut pas déranger. C'est la raison pour laquelle il est inutile de pénétrer dans ces boyaux sombres. D'ailleurs, vous avez oublié une lampe, n'est-ce pas ?
Plaisanterie mise à part, il est important que le randonneur responsable respecte la nature, il en va ainsi des chauves-souris comme des couleuvres qu'il est inutile d'effrayer. Nous espérons que si vous avez l'intelligence de lire ces lignes, vous aurez celle de comprendre que si nous voulons jouir encore longtemps de la nature, il faut la préserver !
Remonter vers le chemin en corniche, continuer la randonnée vers l'ouest. 20 mn plus tard, on arrive sur une large voie, au niveau de deux petits cèdres (PR). Choisir la droite puis la gauche au carrefour suivant. Le terrain change, en s'éloignant du bord des falaises, nous trouvons un

Le château de Tornac

L'ermitage de Collias

peu plus d'humidité et la végétation est plus abondante : arbousiers, chênes, pins et buis. Poursuivre la marche sur ce vaste chemin. A l'approche d'une zone de jeunes plantations, une belle vue sur l'ensemble du massif du mont Bouquet s'offre à vous. Les Cévennes et le mont Lozère barrent l'horizon au nord-ouest.
Après la carrière, s'engager sur le chemin de gauche au carrefour. Dans le virage, guère plus loin, pénétrer dans la garrigue par un sentier sur la gauche. La sente s'incline au sud pour passer de l'autre côté de la colline. Les passages sont difficiles à localiser, il s'agit de la partie du parcours la plus délicate. Commencer par obliquer à gauche puis descendre dans les bois, passer dans des éboulis puis près d'une petite barre rocheuse parmi les arbres. Lorsque le chemin bute sur un autre, transversal, bifurquer à droite et dévaler la colline jusqu'à la route goudronnée.
— 45 mn.
Emprunter l'asphalte sur la gauche, cinquante mètres plus loin, s'engager sur un chemin de terre en contrebas. Marcher ainsi vers l'est sur un kilomètre, pour retrouver ensuite le goudron. Continuer sur la route. Un peu plus loin, gravir la colline par une bonne voie en lacets. Par un sentier escarpé, grimper jusqu'au pied de la falaise. Longer l'immense paroi vers la gauche.
Vous pouvez admirer ainsi les structures de ce calcaire. Les sculptures créées par le ruissellement de l'eau sont admirables ; lames, gouttes d'eau, crêtes, avancées en forme d'appendice nasal, etc. Les ocres succèdent aux gris. Remarquez parmi ces dévers quelques pitons, cela prouve que quelques escaladeurs très doués peuvent grimper dans ces structures.
Marcher jusqu'à être gêné par la végétation abondante puis faire demitour. Revenir au point de départ et continuer le long de la paroi qui devient moins impressionnante. Il existe de nombreuses voies d'escalade dans ce secteur. Progresser jusqu'à une zone brûlée où l'on trouve un sentier qui descend vers la route. Rejoindre le goudron sur cette sente assez raide.
— 1 h 15 mn depuis l'arrivée sur le goudron.
Marcher vers l'est sur cette route peu fréquentée. On rejoint ensuite la départementale 6 et le carrefour qui mène au village de Seynes. Retrouver les véhicules.
— 20 mn.

Itinéraire n° 32

LES RIVES DE L'ARDÈCHE

schéma n° 20, page 94

Aiguèze est un magnifique village fortifié qui domine l'Ardèche, face à St-Martin, terme des célèbres gorges. Nous visiterons le village puis

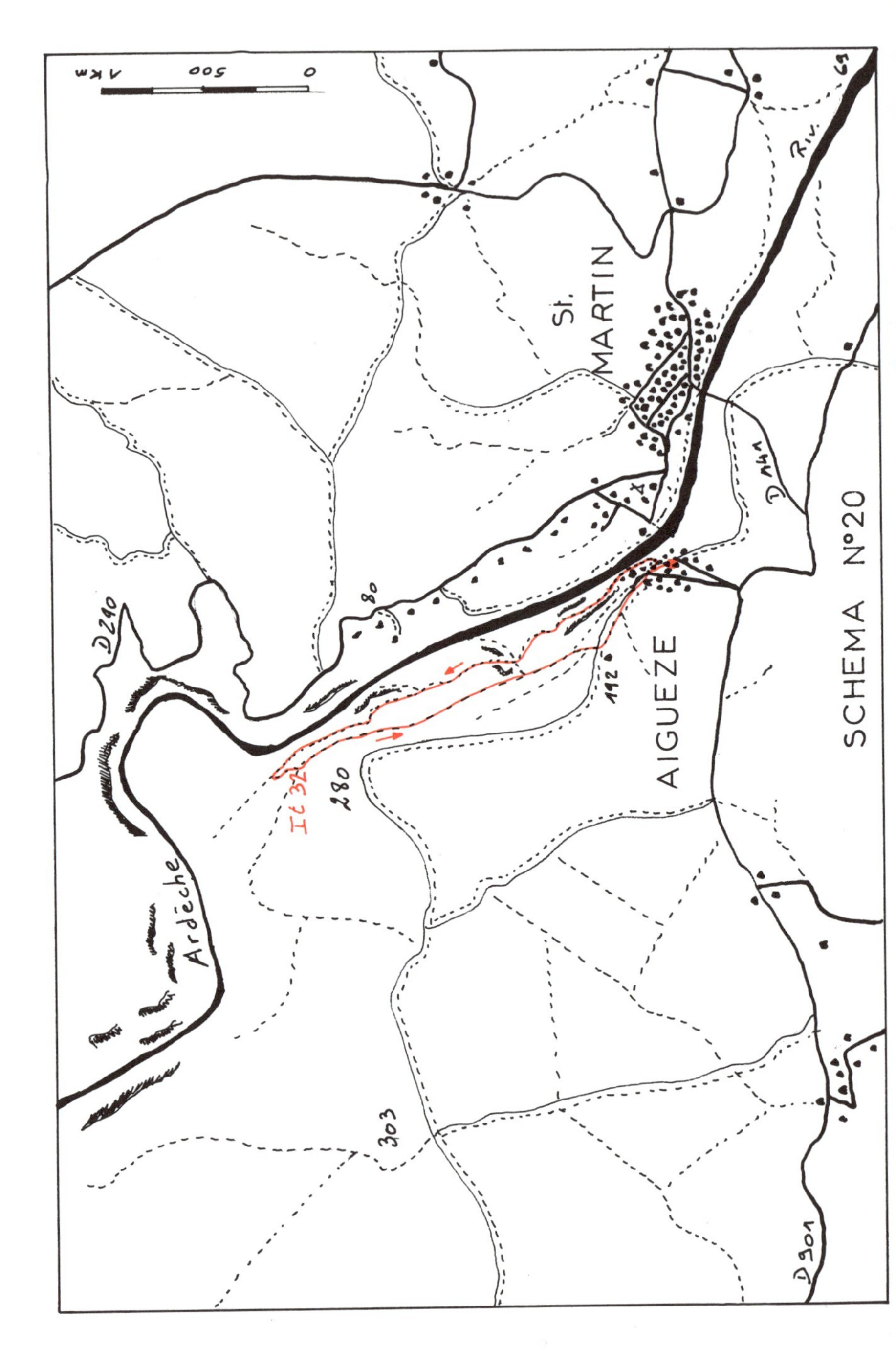
SCHEMA N°20
St. MARTIN
AIGUEZE
Ardèche
D290
D141
D901
Riv.
69
80
192
280
303
It 32
0
500
1 Km

parcourrons les collines, vers l'ouest, qui surplombent la rivière. Voici donc une petite randonnée à la limite du département, sorte de première approche de ces fabuleux défilés de l'Ardèche.

Temps : 1 h 30 mn.

Difficulté : Passages escarpés et broussailleux. P1-T2.

Dénivellation : 200 m.

VTT : Dangereux au départ.

Carte : IGN n° 2939 7-8, Bourg-St-Andiol.

Recommandations :
Le temps mentionné ci-dessus n'est qu'une indication générale, il est très facile de « faire » plus long si vous le désirez. Pour cela, il suffit de continuer vers l'ouest au bord du plateau puis de revenir sur le chemin plus au sud ou même sur le GR. Le départ de l'itinéraire est assez délicat, prudence donc !

Accès :
Aiguèze se joint par Bagnols, Pont-St-Esprit puis la D. 901 en direction de Barjac. Stationner dans le village.

Description de l'itinéraire :
Le départ de l'itinéraire se situe près de la fontaine. Remonter la rue dallée où de nombreux artisans exposent leurs productions, pour prendre au bout de la ruelle le chemin de l'Ardèche sur la droite. Descendre jusqu'à la rivière.
De ce chemin de ronde, la vue sur le cours d'eau est magnifique. On peut remarquer également les falaises ainsi que le pont suspendu reliant Aiguèze à St-Martin-d'Ardèche.
Longer la rivière vers l'ouest, passer par des vires rocheuses assez aériennes pour marcher ensuite sur une sente qui s'élève légèrement. Poursuivre par un passage escarpé, empli de végétation, au pied d'une falaise. Alors que le sentier semble redescendre en direction d'une plage de galets (terminus des canoës qui descendent les gorges), monter à gauche dans un petit éboulis pour trouver, peu après, une sente qui s'élève vers l'ouest. Traverser plusieurs pierriers suspendus au-dessus d'une falaise, on arrive ainsi à un collet sur la gauche.
— 30 mn.
Aller à droite sur un bon sentier, dépasser des rochers et poursuivre toujours vers le soleil couchant.
Ce chemin en corniche est un magnifique belvédère sur l'Ardèche, ses gorges et ses méandres.
Passer un ravin. Au niveau d'un pierrier, alors que la sente semble continuer entre les arbres, prendre les éboulis et les remonter en inclinant la marche au sud-ouest puis au sud-sud-ouest. Après quelques ressauts rocheux faciles, on atteint le plateau.
— 30 mn.
Gagner le mamelon qui se trouve à l'est.
De cette place, la vue plonge sur les gorges, la forêt de Valbonne et les environs.

Descendre vers le sud pour trouver un bon sentier. Aller à gauche et rejoindre le village par le parcours de santé.
— 30 mn.
Tout au long de ce trajet, la vue sur le mont Ventoux et le Nyonsais est voilée par les brumes de la vallée du Rhône. Devant nous, le village d'Aiguèze se découpe devant les derniers méandres de la rivière assagie à la sortie des gorges.
Une visite détaillée du village terminera cette randonnée.

Itinéraire n° 33
LA BAUME
schéma n° 21, page 98

Nous vous proposons un itinéraire assez court afin de visiter, sans trop de fatigue, cet étrange site qu'est la Baume. La chapelle St-Vérédème abrite parfois des ermites, tout au moins si on en juge par les signes de vie aux alentours de la grotte. Il existe de nombreuses variantes.
Voir itinéraires n° 35 et n° 38.

Temps : 1 h 45 mn.

Difficulté : Pentes raides, passages en rochers. P1-T2.

Dénivellation : 180 m.

VTT : Déconseillé.

Carte : IGN n° 2941 ouest, Uzès.

Recommandations :
Ce parcours est moins éprouvant dans le sens inverse de celui décrit ci-après ; moins éprouvant mais aussi beaucoup moins intéressant. Pour traverser sans problème la grotte-tunnel, se munir d'une ou plusieurs lampes électriques. Attention aux enfants aux abords de la chapelle.

Accès :
On accède à Sanilhac par la D. 112 depuis Collias ou la D. 212 et la D. 279 en venant d'Uzès. Dans le village, prendre le chemin de la Baume au sud du château. Stationner au bout des terres cultivées en prenant bien soin de laisser un passage pour les tracteurs et les pompiers.

Description de l'itinéraire :
Emprunter le chemin ascendant à droite puis à gauche. Continuer tout droit parmi les chênes et les buis. Peu après, couper le GR en poursuivant la marche en direction du sud. Entreprendre la descente par un bon chemin en lacets.
Joli panorama sur la Baume. De nombreux cailloux créent un excellent massage de la voûte plantaire.
Cheminer jusqu'au Gardon entre de petites barres rocheuses. La descente se termine en sous-bois alors que le bon chemin se transforme en

petit sentier. Longer la rivière vers l'est, accéder à l'ermitage par une sente sur la gauche puis par des escaliers.
— 40 mn depuis le départ.
Attention aux enfants, nous sommes sur des falaises.
Continuer par un chemin en corniche, passer une porte, monter des marches, poursuivre ainsi jusqu'à l'entrée de la grotte. Allumer les lampes et pénétrer dans le tunnel. Dans l'obscurité, se guider au mur de droite. Le noir complet ne dure que quelques mètres, le sol irrégulier monte sensiblement.
Une fois sortis du tunnel, prendre à gauche, ne pas descendre par le chemin mais passer par des rochers en direction du nord. Entreprendre l'ascension, assez pénible, en gravissant plusieurs ressauts rocheux. Essayer de vous guider aux marques « points rouges » (très discrètes). Ne pas tenter de s'échapper à gauche par une vire descendante (cul de sac dangereux), mais continuer à monter plein nord.
Du sommet, on peut admirer le Gardon qui, à cet endroit, a un débit assez important grâce aux résurgences toutes proches. C'est pour cette raison que l'eau est si froide entre la Baume et Collias.
Sur le plateau, poursuivre sur le petit sentier. Après un magnifique sous-bois, on arrive à un large chemin carrossable que l'on emprunte vers le soleil couchant. Suivre le GR un petit moment pour aller tout droit quand il s'incline à gauche.
On peut cheminer en admirant le paysage vers Uzès, le mont Bouquet, et au loin, les Cévennes.
Descendre sans problème jusqu'aux véhicules.

Itinéraire n° 34
LES AIGUIÈRES

schéma n° 9, page 46

Le Séguissous, petite rivière d'apparence banale, cache quelques merveilles pour qui prend la peine de marcher un peu : tout d'abord ces fameuses Aiguières puis une drôle de résurgence au hameau de Cal. Avant que les agriculteurs ne placent un captage, cette résurgence était un véritable geyser lors des orages.
Donc, comme l'indique la racine du mot « aiguières », il s'agit de visiter des endroits remarquables grâce à l'eau. En fait, nous vous proposons un des circuits les plus intéressants de la région, ces petites et grandes Aiguières étant absolument enchanteresses. A condition qu'il y ait de l'eau, bien sûr !

Temps : 2 h.

Difficulté : Quelques passages délicats, pentes escarpées, pierriers instables. P1-T3.

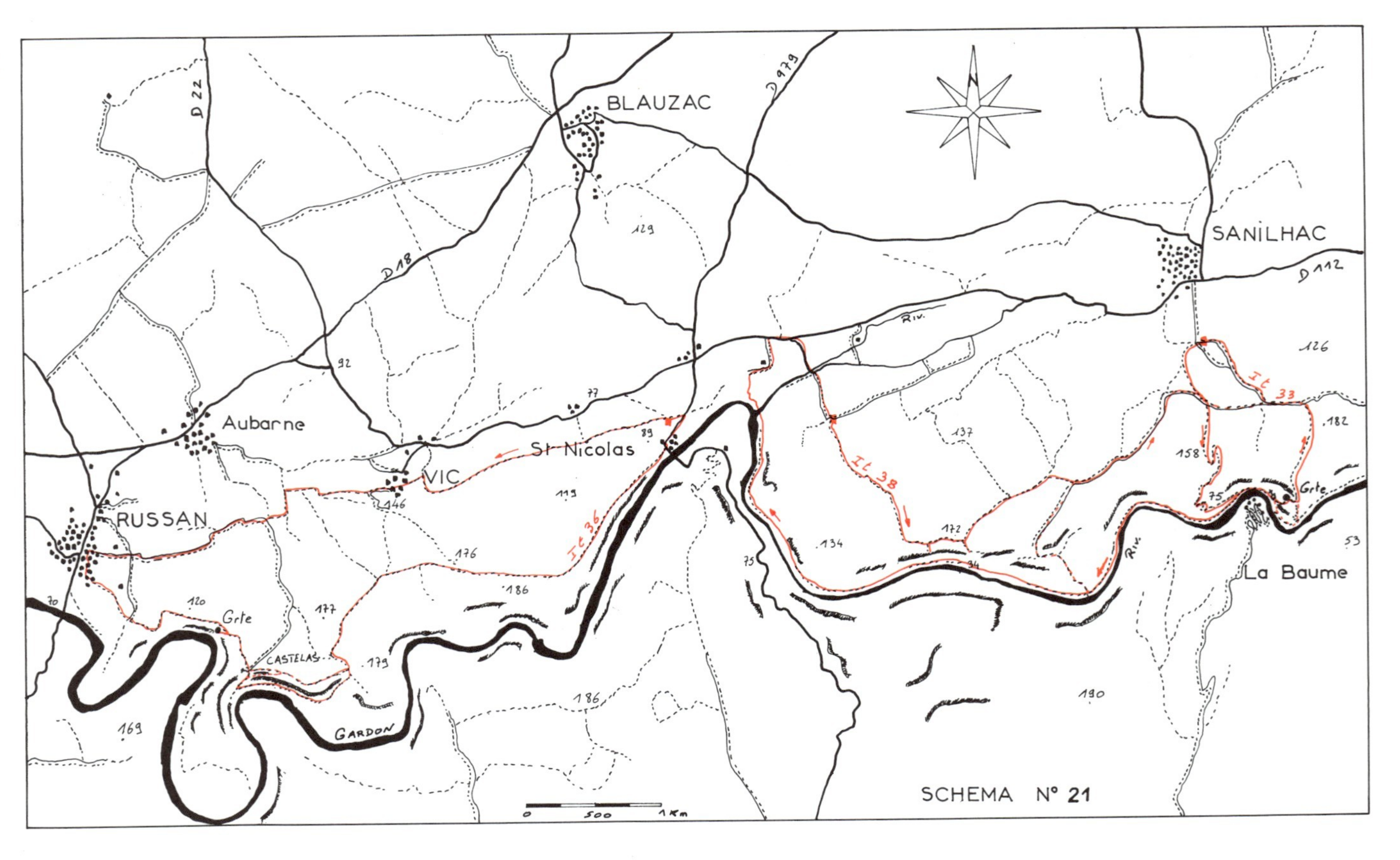
BLAUZAC
SANILHAC
D 22
D 18
D 979
D 112
Aubarne
St Nicolas
VIC
RUSSAN
La Baume
CASTELAS
Grte
Riv.
GARDON
It 33
It 38
It 36
0
500
1 Km
SCHEMA N° 21

Dénivellation : 150 m.

VTT : Déconseillé, voire impossible.

Carte : IGN n° 2840 est, St-Ambroix.

Recommandations :
Les quelques lignes ci-dessus signifient qu'il faut faire ce parcours à la bonne saison, c'est-à-dire au printemps, seule saison où l'eau coule abondamment. Les moins frileux pourront emporter un maillot de bain. Les sentiers, relativement difficiles, exigent que le marcheur soit bien chaussé.

Accès :
Le départ de la randonnée se situe sur la D. 147. D'Alès, prendre la route de Bagnols-sur-Cèze (D. 6). Tourner à gauche en direction de Brouzet, continuer jusqu'à Navacelles. Emprunter à droite la D. 147. Le départ se trouve dans un virage au point coté 247 sur la carte. Vastes places de parking sur la gauche.

Description de l'itinéraire :
Descendre sur un chemin vers le nord en direction de Suzon. Poursuivre sur une large voie, traverser le torrent par un gué, au bout d'une espèce de champ. Monter, passer devant une petite grotte, l'ascension vers le hameau de Suzon s'accompagne du clapotis de l'eau en contrebas.
Aux bâtisses, on trouve les traces jaunes du PR, aller vers la gauche en admirant les mas remarquablement restaurés. Lavoir, four à pains, murets de pierres sèches ; qu'il doit faire bon vivre ici !
Un sentier prend naissance, peu après le four à pains, dans un vague petit pré sur la gauche. Commencer la descente sur cette sente qui se précise plus loin. On dégringole assez vite en louvoyant parmi les rochers, jusqu'à la rivière. Là, quelle divine surprise ! Mais je me tais et vous laisse admirer.
En progressant vers la gauche, on découvre une vaste étendue d'eau avec une cascade et un « toboggan magique où l'eau doit retomber en enfance ». L'endroit est merveilleux, encaissé dans de hautes parois calcaires ; l'eau, d'une limpidité étonnante, fait oublier que nous sommes en pays de garrigues, par définition aride.
Les lieux peuvent supporter la comparaison avec les canyons corses ou les barancos aragonais.
— 20 mn, passages délicats.
Remonter en direction de Suzon. Peu après, un sentier redescend vers la rivière. Les passages sont assez escarpés, on arrive vite dans une forêt au bord de l'eau. Continuer la marche vers l'aval sur une sente peu marquée mais très agréable parmi les buis, les lierres, les feuillus gigantesques et... les chants d'oiseaux. Traverser des prés, emprunter un sentier plus large vers l'ouest en direction d'un autre défilé. Longer le ruisseau. A l'approche des falaises, descendre vers l'eau, traverser le Séguissous, passer sur des rochers, puis au milieu des buis. On retrouve le bord de l'eau qui est d'une limpidité à faire douter de l'existence des nitrates et autres pollutions.
Progresser ainsi jusqu'aux petites Aiguières qui sont des vasques et des cascades magnifiques dans un coude du cours d'eau. Passer sur un pier-

rier — on surplombe le site — suivre de vagues traces rouges afin de descendre après les chutes d'eau.
— 35 mn depuis les grandes Aiguières.
Il est absolument indispensable de prendre son temps, contempler les lieux, déambuler parmi les structures créées par le travail de l'eau au cours des temps. On peut même se baigner et prendre une douche sous la plus grande cascade si l'eau n'est pas trop fraîche.
Après avoir bien profité des lieux, reprendre la marche pour monter dans un éboulis en aval des chutes. Cette ascension assez pénible contraste avec le repos précédent. A mi-pente, choisir un sentier sur la droite (cairn). On arrive à une grotte. Gravir le nouveau pierrier, le cheminement est malaisé dans ces pierres instables. Un magnifique point de vue sur les petites Aiguières et les Cévennes par-dessus la falaise fait oublier la difficulté de l'ascension. Lorsque l'on retrouve un sentier transversal toujours dans les cailloux, aller sur la droite. Au sommet, longer le précipice vers l'ouest, grimper dans des sortes de marches rocheuses. Cairn au départ, passage délicat, jolie vue au nord.
— 30 mn.
Se guider à des bouts de ficelles blanches accrochées aux branches des arbres. Se diriger vers le sud-est. Arrivés sur le plateau où la vue se dégage sur le mont Bouquet et Suzon, incliner la marche vers le sud. De nombreux iris sauvages ainsi que des narcisses succèdent à un bois. 20 mn plus tard, on bute sur un large chemin, l'emprunter sur la gauche, on retrouve les traces jaunes du PR.
De nombreux lézards verts vivent dans ces collines, ils sont inquiétants comme les couleuvres mais tout aussi inoffensifs.
Descendre à la route, tourner à gauche. Cinquante mètres plus loin, s'enfoncer sur un sentier en contrebas sur la gauche, longer le lit d'un ruisseau à sec. Marcher dans cette combe en remarquant une borne sur la gauche et de nombreuses traces de sangliers à vos pieds. Rejoindre le parking du départ.
— 10 mn.

Itinéraire n° 35

LA BAUME PAR COLLIAS

schéma n° 7, page 38

La baume est un site préhistorique situé à l'ouest de Collias. Dans ce lieu sauvage et loin de toute voie de communication, existaient, il y a quelques temps, une auberge, un moulin et un ermitage. Le parcours, sur le plateau à l'aller et au bord de l'eau au retour, est très riche.

Temps : 3 h 30 mn.

Difficulté : Plusieurs passages délicats. P2-T2.

Dénivellation : 180 m.

VTT : Eviter la grotte, descendre à la Baume par le bon chemin (it. n° 33).

Carte : IGN n° 2941 ouest, Uzès.

Recommandations :
Si vous désirez passer par la grotte, il faut absolument prévoir une lampe. Ce parcours est à éviter si le Gardon est en crue.

Accès :
A Collias, se diriger vers la rivière, stationner sur le parking (payant en juillet et août) près du moulin ou de « Kayak Vert ».

Description de l'itinéraire :
A l'extrême ouest du parking, remonter la rue en direction du nord, longer un mur sans emprunter les ruelles qui mènent au cœur du village. Passer sous deux arches caractéristiques. A l'entrée du château de « l'Orangerie », prendre à gauche (GR). Suivre le sentier de randonnée jusqu'à une route goudronnée où l'on tourne à droite. Au carrefour suivant, choisir encore une fois la dextre pour, peu après, arriver à la grand-route. Marcher sur le goudron vers l'ouest jusqu'à un chemin qui naît sur la gauche (panneau GR 6). S'élever ainsi jusqu'au plateau ; la vue se dégage sur Uzès et les villages environnants. Continuer sur la voie la plus large (jalonnement bleu et GR). Peu après, une sente mène à un joli panorama sur les gorges du Gardon.
Il est à noter la prolifération étonnante des romarins dans ce paysage de garrigue.
Après une bonne heure de marche depuis le village, on arrive à un remblais de terre.
Pour visiter un spectaculaire gouffre, prendre à droite, par un coupe-feu, jusque dans un vallon que l'on remonte ensuite par une sente minuscule sur la gauche. Peu après, une marque rouge sur un gros chêne indique l'entrée de l'aven.
Attention, danger : le terrain est très glissant, prendre un maximum de précautions, surtout ne pas laisser les enfants s'y aventurer seuls.
Après cette petite visite, on retourne sur le GR en allant vers le sud. Il faut 15 mn pour effectuer ce détour.
Poursuivre la marche vers l'ouest. Arrivé au large chemin, préférer la gauche.
— 1 h 30 depuis le départ.
Ne pas pénétrer dans la vigne mais s'enfoncer dans le sous-bois par un sentier jalonné de points rouges (sur la droite).
Ce magnifique passage ombragé contraste avec l'aridité du chemin parcouru jusqu'ici. A noter la présence de quelques lauriers-tins. 10 mn plus tard, on peut admirer la très belle vue sur les gorges et la Baume.
De l'autre côté du cours d'eau, se dessine la route menant au village de Poulx. Interdite à la circulation, elle n'en fut pas moins le théâtre du tournage de plusieurs scènes du film « Le salaire de la peur ».
Depuis notre belvédère, il faut entreprendre la délicate descente. Bien suivre le tracé rouge vers la gauche puis en lacets vers le bas. Après un petit pas difficile, ne pas prendre à droite la large vire mais continuer à descendre sur la gauche par un sentier délicat (trace rouge discrète). Ne pas se laisser tenter par les chemins de droite, incliner la marche vers le

bas et la gauche jusqu'à un passage escarpé près d'une petite grotte partiellement cachée par des chênes. Grâce à une traversée de 20 mètres sur la droite, on arrive à l'entrée de la grotte de la Baume.
— 1 h 50 depuis le départ.
Entrer, s'enfoncer dans l'obscurité, une lampe devient vite indispensable. En fait, la grotte-tunnel est assez courte, l'obscurité est due à la forme courbe du tunnel. A la sortie, descendre en passant près de l'ermitage par un magnifique chemin en corniche et des escaliers. Avancer jusqu'au bord de l'eau où se trouve un moulin.
— 15 à 20 mn pour effectuer la descente.
Les personnes dépourvues de lampes peuvent éviter l'obscurité de la façon suivante : avant la grotte, continuer juqu'au Gardon par des ressauts rocheux délicats tracés en rouge.
A la belle saison, on peut admirer tout à loisir les canoës qui essaient de passer la cascade sans trop de mal. En fait, tout cela provoque baignade forcée et grands rires.
— 2 h 15 mn depuis Collias.
Aller vers l'est le long du Gardon. Après des dalles, on trouve un terrain sablonneux. Des passages en sous-bois et au bord de l'eau se succèdent. Progresser ainsi sur le bon sentier vers le levant tout en admirant le magnifique travail du temps sur les rochers au bord de la rivière. Poursuivre jusqu'à Collias sans oublier de contempler les falaises, la forêt et le cours d'eau. Le terme de la randonnée est indiqué par les escaladeurs pratiquant leur sport favori sur les parois près du village.
— 3 h 30 mn depuis le départ.

Itinéraire n° 36

LE GARDON DU PONT ST-NICOLAS A RUSSAN

schéma n° 21, page 98

Lorsque le Gardon arriva à proximité de Russan, il dût se frayer un passage dans le plateau calcaire de St-Nicolas. Ainsi sont nées les gorges du Gardon, longues d'une trentaine de kilomères. Nous vous proposons de visiter l'entrée de la rivière dans le défilé. Deux boucles majestueuses indiquent avec quelles difficultés le cours d'eau a vaincu le calcaire. Nous pourrons également admirer la falaise d'escalade du Castelas et le pont St-Nicolas construit au XIIe siècle.

Temps : 4 h.

Difficulté : Assez éprouvant, quelques passages délicats que l'on peut éviter. P2-T2.

Dénivellation : 300 m.

VTT : Au castelas, prendre le PR (tracé jaune).

Carte : IGN n° 2941 ouest, Uzès.

Recommandations :
Randonnée assez longue qu'il ne faut pas entreprendre par forte chaleur. Attention aux cordes au bas des voies d'escalade, éviter de marcher sur ces « bouts de ficelle » auxquels les grimpeurs confient leurs vies. Le sentier passe par des endroits escarpés, soyez donc vigilants, surtout avec les enfants.

Accès :
De Nîmes, prendre la route d'Uzès, après le pont St-Nicolas, stationner au bord de la route ou, ce qui est mieux contre les vols, emprunter le chemin de gauche qui mène au hameau de Vic. Stationner à gauche après un cabanon.

Description de l'itinéraire :
Marcher tout droit vers l'ouest jusqu'à Vic. Jolie vue sur le vallon et le mont Ventoux lorsque l'on prend un peu de hauteur. Avant les premières maisons, emprunter à gauche un petit sentier en sous-bois (GR).
— 35 mn.
Pénétrer dans le village, passer sous un porche, tourner devant l'église et suivre les jalonnements jaunes. Magnifique panorama sur le mont Bouquet et les Cévennes. Poursuivre sur un sentier tout droit en contrebas de la route (PR). Descendre par un chemin plus large en direction d'Aubarne. A l'orée d'un bois de chênes rouvres, tourner à gauche, remonter un petit vallon vers le sud (traces rouges).
— 20 mn.
Peu après une petite prairie, alors que deux arbres font une sorte de porte naturelle, bifurquer à droite, monter à flanc de colline jusqu'au plateau. Se fier aux jalonnements rouges. Au sommet, on trouve une large voie carrossable que l'on emprunte vers l'ouest. C'est le chemin parcouru par les escaladeurs pour se rendre au castelas, en voiture...
En arrivant à Russan, traverser la route goudronnée, longer une clôture, descendre au village. De magnifiques maisons accueillent les randonneurs, une visite est plus que souhaitable. Reprendre le PR par la rue Haute et celle de Marellas, le départ de l'itinéraire se situe à l'extrême sud-est du bourg.
— 30 mn.
Par un sentier, on approche des falaises surplombant le cours d'eau. Passer sur des dalles plates, redescendre côté opposé.
Les majestueux méandres du cours d'eau attirent l'attention, on peut imaginer quelle a été la lutte entre l'eau et la roche. A l'est se dessine le fameux castelas, sorte de chaos ruiniforme sur un plateau, plus à gauche, une baume immense forme une tache sombre sur la falaise.
Après un vallon, une pente raide éprouve les marcheurs. Au sommet, alors que le sentier se poursuit vers le plateau, une petite sente au bord de la falaise conduit à la grotte de la Trone.
— 30 mn.
Ne pas se fier à l'indication « grotte » qui mène à une cavité secondaire. Pénétrer dans cet impressionnant trou par un petit pas délicat sur du rocher patiné par les passages répétés des promeneurs.

De l'intérieur, on découvre la très originale formation de cet abri. Car il s'agit bien d'un abri utilisé par les hommes préhistoriques. Dans le boyau de gauche, vous remarquerez une porte dont le rôle est de protéger de magnifiques peintures rupestres contre l'imbécilité de certains. En effet, après de nombreuses dépradations, les autorités ont été contraintes de fermer le tunnel. Dommage, car nous ne pourrons pas admirer les œuvres des premiers artistes.
Reprendre la randonnée, monter jusqu'au plateau sommital, on vient buter sur une autre falaise.
— 15 mn.
A droite, vous pouvez découvrir une nouvelle grotte fermée elle aussi mais visitée fréquemment par des spéléologues. Tout à côté de cette cavité, un passage délicat permet de rejoindre le pied des rochers. Si cet itinéraire ne vous convient pas, faire le tour de la petite barre rocheuse par l'est ou encore poursuivre sur le PR jusqu'au pin parasol.
Descendre par la droite sur le sentier, parfois raide, emprunté par les escaladeurs. On se retrouve alors au bas d'une autre barre rocheuse beaucoup plus importante, c'est l'école d'escalade de Russan. Progresser vers le soleil levant tout en admirant les nombreuses voies d'escalade.
Lorsque la falaise s'incurve vers la gauche, vous pouvez admirer la Baume percée ainsi dénommée car elle est affublée d'un énorme trou en son centre. Les grimpeurs aiment bien accéder au bas de la falaise en faisant un rappel par ce trou. C'est alors le prélude impressionnant à une journée consacrée à la grimpe.
Poursuivre vers l'est, la hauteur des rochers diminue puis s'efface complètement, en profiter pour gagner le plateau par un petit sentier. Au sommet, vous pouvez admirer la Baume percée par le haut. Pour cela, aller à gauche, passer à proximité d'un abri taillé dans une grotte. Je connais quelques irréductibles ayant dormi là parmi les chauves-souris et les cafards. Attention aux abords de la Baume percée, les risques de chutes sont réels !
Reprendre la randonnée vers l'est, retrouver le GR, se diriger vers un pin parasol isolé.
— 45 mn.
Marcher sur un large chemin dans la garrigue. Cystes, genêts et thyms forment un tapis de fleurs au printemps. Vue sur l'ensemble de l'Uzège. Poursuivre vers l'est par le GR et le PR. Alors que le paysage pourrait paraître monotone, on retrouve les abords du Gardon.
— 40 mn.
Des falaises et de magnifiques lapiaz, sur lesquels il faut passer, nous accueillent.
Vue sur le pont St-Nicolas et le prieuré fondé au XIIe siècle par les chanoines St-Augustin d'Uzès. En bas, des plages de galets offrent leur terrain de repos aux promeneurs, alors que les randonneurs rencontrent une drôle d'arche adossée à la falaise. En s'approchant de cette étrange architecture, on se rend compte qu'elle est percée tout comme la Baume visitée auparavant.
Atteindre le pont, tourner à gauche vers Uzès, longer la route pour retrouver les véhicules.
— 25 mn.

Itinéraire n° 37

LE BOIS DE PARIS

schéma n° 22, page 106

Au sud de Corconne, existe un vaste plateau dénommé le Bois de Paris. Cette table calcaire dominant les plaines était une enceinte gauloise. Nous vous proposons d'en explorer une petite partie. Ce sera l'occasion de découvrir un sentier unique dans le Gard. Ce magnifique itinéraire louvoyant dans les bois ou sur des rochers démontre que quelques bénévoles passionnés peuvent ouvrir des parcours fabuleux.

Temps : 2 h.

Difficulté : Très difficile. P2-T3.

Dénivellation : 300 m.

VTT : Impossible.

Carte : IGN n° 2842 ouest, Sommières.

Recommandations :
Le circuit proposé ci-dessous s'adresse aux marcheurs confirmés. Totalement déconseillé par temps de pluie, il ne faut pas souffrir de vertiges et être particulièrement bien chaussé pour prendre plaisir sur ces sentiers tortueux. Prévoir une lampe pour s'éclairer dans la grotte.

Accès :
Depuis Sommières, emprunter la départementale 35 en direction de Quissac. Après Salinelles, tourner à gauche vers St-Clément, traverser le village vers le sud-ouest. Au niveau d'une croix, prendre à droite, passer le ruisseau et stationner après le pont en pierre.

Description de l'itinéraire :
Commencer la randonnée par le PR (tracé jaune) ; arrivés près d'une dalle en béton grossier, tourner à droite. Poursuivre par un agréable petit chemin en direction du « Rocher de la Monnaie ». S'élever à flanc de colline parmi les chênes kermès et les buis. Passer au pied d'un monolithe.
— 30 mn.
Atteindre le plateau par un sentier enserré dans les lauriers-tins et les arbousiers puis suivre une longue ligne droite jusqu'à un carrefour. Prendre à gauche, s'engager sur un petit sentier pour visiter la grotte de Paris. La cavité se trouve à proximité du carrefour, se guider à deux marques rouges et jaunes sur un chêne à gauche du large chemin.
— 20 mn.
Descendre au gouffre par un sentier puis des marches. Retourner à la large voie, marcher vers l'est. Atteindre des falaises puis, à gauche, un belvédère. Magnifique vue sur le sud du département, la mer et l'étang de Mauguio.
Poursuivre en se guidant aux traces bleues, passages sur des crêtes puis sur un magnifique sentier louvoyant dans les rochers et les chênes. Après une portion plus aisée, continuer sur la gauche. Se fier aux jalonnement bleus.

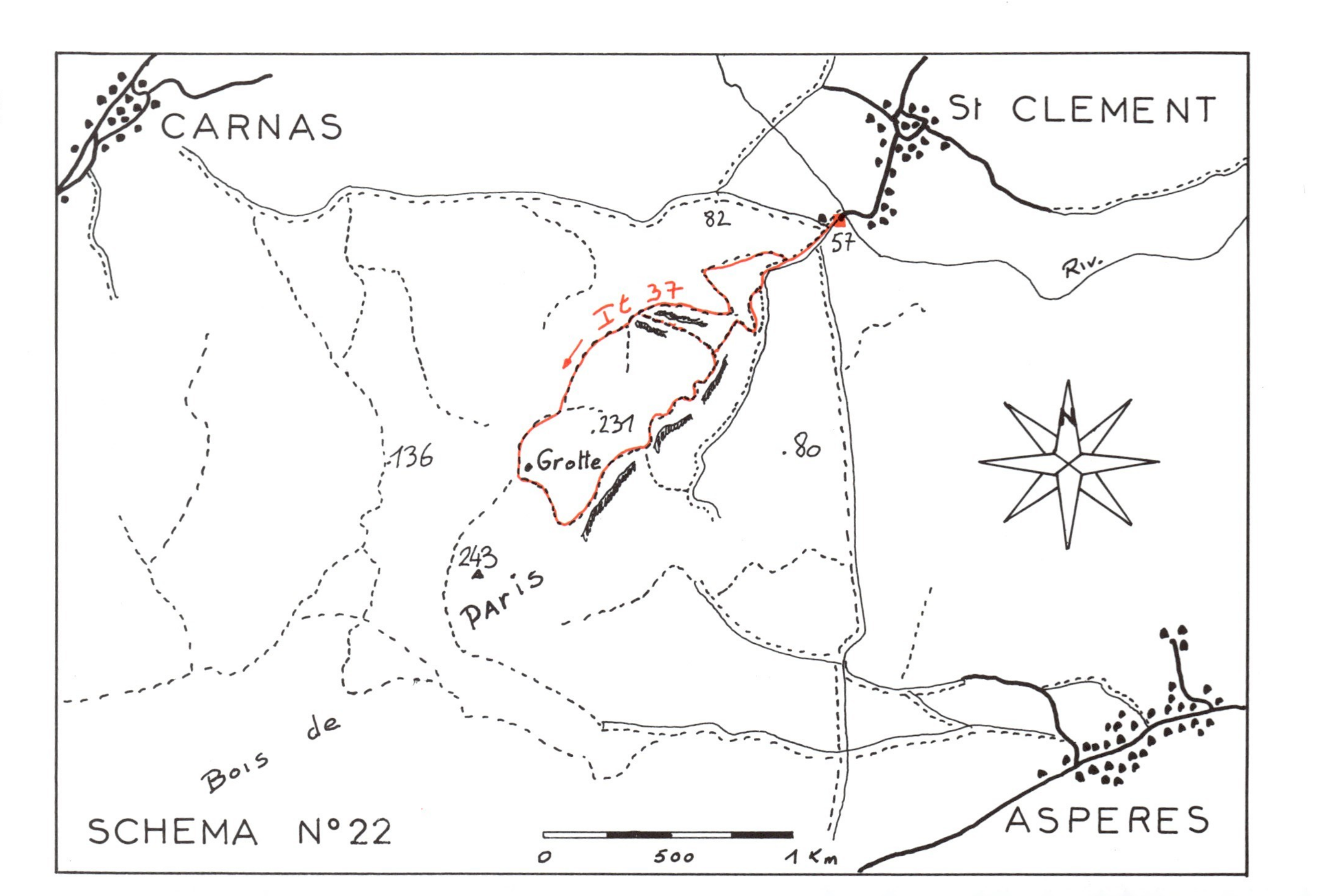
CARNAS
St CLEMENT
82
57
Riv.
It 37
231
Grotte
136
80
243
Paris
Bois de
SCHEMA N°22
0
500
1 Km
ASPERES

Passages difficiles et aériens sur des blocs rocheux, s'aider des troncs d'arbres, attention aux enfants.
Après être montés, descendus puis remontés, on arrive à une première puis une seconde borne.
Nous espérons que ces quelques minutes, passées à vous demander qui était assez farceur pour imaginer un tel itinéraire, vous auront amusées.
Rejoindre la face est du plateau, on aperçoit les véhicules en bas. Sur des rochers, ne pas continuer vers le nord mais descendre à droite par un pas de désescalade (trois traces bleues très proches les unes des autres).
Tout droit, le sentier jalonné d'un bleu plus foncé mène au rocher de la Monnaie. Il s'agit d'un itinéraire délicat avec beaucoup d'escalade, qui peut constituer une variante à notre randonnée. Remarquer bien la couleur des traces ; si elles deviennent plus foncées, c'est que vous êtes sur l'itinéraire d'escalade, il faut tourner avant pour descendre par le tracé normal.
Descendre donc à droite, franchir les trois mètres délicats en prenant quelques précautions, puis dévaler la colline en se guidant toujours aux traces. On arrive à un virage en épingle à cheveux où l'on retrouve le PR. Choisir la droite, marcher sur un petit sentier qui, par quelques lacets, mène au vallon du bas puis aux véhicules.
— 1 h 10 mn.

Itinéraire n° 38

LES GORGES DU GARDON PAR ST-NICOLAS

schéma n° 21, page 98

Si, entre Collias et la Baume, existe un chemin facile au ras de l'eau, il n'en est pas de même entre la Baume et le pont St-Nicolas. Voici donc une randonnée en terrain très sauvage, les rives du Gardon sont livrées à elles-mêmes, la végétation luxuriante fait oublier que nous nous trouvons en pays de garrigue théoriquement aride. Le comité départemental de la randonnée du Gard a décidé d'ouvrir un chemin le long du Gardon, donc, selon le stade des travaux, vous risquez de trouver des passages particulièrement bien aménagés. Tôt ou tard, cette randonnée sera facile et très parcourue.

Temps : 3 h 30 mn.

Difficulté : Terrain instable et broussailleux. P2-T2.

Dénivellation : 120 m.

VTT : Impossible.

Carte : IGN n° 2941 ouest, Uzès.

Recommandations :
Randonnée très agréable, mais pour l'instant, il vaut mieux avoir des pantalons longs et ne pas craindre les flagellations des ronces. A éviter par temps humide.

Accès :
De Nîmes, prendre la route d'Uzès jusqu'au croisement faisant suite au pont St-Nicolas. Là, aller en direction de Sanilhac sur la D. 112, pour tourner à droite au premier carrefour. Suivre le GR sur une voie vicinale puis sur un chemin de terre. Stationner au point coté 64.

Description de l'itinéraire :
Suivre le GR sur le bon chemin, monter au sommet de la colline, incliner la marche vers l'est. Au passage, on voit un aven obstrué. Le chemin devient vite un bon sentier très agréable. Il est possible d'admirer les gorges en s'éloignant un peu du parcours par des sentes menant à des belvédères sur la droite. Marcher dans un sous-bois de buis, de chênes verts et d'arbousiers jusqu'au carrefour.
— 30 mn.
Aller jusqu'au croisement suivant sur un chemin hélas plus large. Sur cette portion du parcours se trouve une énorme table en béton, malheureusement peu ombragée. On traverse ensuite une forêt de chênes entretenue. A la fin de cette dernière, prendre la voie qui descend à la Baume par un bon chemin en lacets d'où l'on a un joli panorama sur le site. Cheminer jusqu'au Gardon puis longer la rivière vers l'est par un sentier qui mène à l'ermitage et la grotte de la Baume.
— 55 mn.
Une autre possibilité consiste à poursuivre sur le plateau jusqu'à une vigne clôturée pour descendre par un sentier escarpé jusqu'à la grotte que l'on traverse pour atteindre l'ermitage et la Baume (voir itinéraire n° 35).
Prenez le temps de visiter cet étrange site ainsi que le moulin qui domine le barrage où quelques kayakistes courageux testent leurs capacités pour le plus grand plaisir des spectateurs.
Pour le retour, longer le Gardon vers l'ouest sur un petit sentier qui conduit au grès du terrain jusqu'à une magnifique forêt de pins parasols, endroit qui surprend par sa beauté. Traverser le bois, gagner un monticule, prendre vers le sud puis rejoindre la rivière. Quelques passages herbeux puis rocheux font suite. Au bout d'environ une heure de marche, prendre à droite, passer à proximité d'un petit trou pour pénétrer dans un beau sous-bois (rubans rouges et blancs). De nouveau près de la rivière, remonter les gorges. Cheminer au bord de l'eau sur des rochers tout en admirant le chenal creusé par la rivière ainsi que les nombreuses résurgences. Peu après, on arrive à une barre rocheuse que l'on franchit à l'aide d'un câble. Atteindre le torrent qui se trouve un peu plus loin.
— 45 mn.
Ce ruisseau, venu de droite, a creusé un énorme canal qu'il est assez délicat de traverser.
Passer ce cours d'eau à gué, prendre un petit sentier qui mène dans un champ. Le longer vers le nord jusqu'à une maison. Gagner la route, aller à droite puis encore à droite et suivre le GR jusqu'aux véhicules.
— 20 mn.

Itinéraire n° 39

LES SEYNES A BELVEZET

schéma n° 23, page 110

Belvezet, qui fut le siège de nombreuses guerres religieuses au XVIIIe siècle, est un joli village pittoresque blotti dans une cuvette au nord d'Uzès. Le ruisseau de Seynes afin de s'échapper de cette dépression a creusé de petites gorges vers le sud. En précisant que le castelas, château ruiné, domine la vallée, nous plantons le décor de notre itinéraire.

Temps : 4 h.

Difficulté : Nombreux passages délicats, escalade. P2-T3.

Dénivellation : 350 m.

VTT : Impossible.

Carte : IGN n° 2941 ouest, Uzès.

Recommandations :
Nous déconseillons ce parcours aux personnes peu entraînées et aux enfants. Eviter les périodes chaudes et sèches. Ne pas oublier un maillot à la belle saison. On peut effectuer la première partie du parcours puis rentrer directement afin d'éviter les difficultés.

Accès :
Depuis Uzès, prendre la D. 979, tourner à gauche vers Belvezet. Se diriger vers le Mas de l'Ancienne Eglise, traverser le bourg et stationner peu après avoir passé le ruisseau.

Description de l'itinéraire :
Prendre, vers le nord, un chemin qui longe le cours d'eau. On atteint assez vite Belvezet. Traverser le village, passer devant l'église et, lorsque la route s'incline à droite, emprunter une large voie carrossable à gauche. Face à une petite maison, s'engager sur un sentier, à droite, afin de monter au château. Plusieurs itinéraires s'offrent à vous, monter le plus directement possible.
Dans les ruines, une seule salle subsiste. Ce promontoire offre un beau belvédère sur les gorges que nous allons visiter.
— 30 mn depuis le départ.
Descendre côté opposé, vers le sud, suivre la sente qui s'incline à droite puis à gauche et, finalement, vient buter sur un sentier un peu plus large. L'été, la bonne odeur dégagée par les pins invite au farniente, pourtant il faut continuer par la droite juste avant une zone de terre délavée. Se diriger au sud-ouest. Sur la crête, aller à droite. Vue sur le mont Bouquet au nord.
Au meilleur chemin, prendre à gauche, peu après, choisir également la gauche.
— 20 mn.
Descendre la colline, juste après une borne en pierre, se diriger vers l'est sur une large voie carrossable. On arrive à l'entrée du Mas d'Aigues-

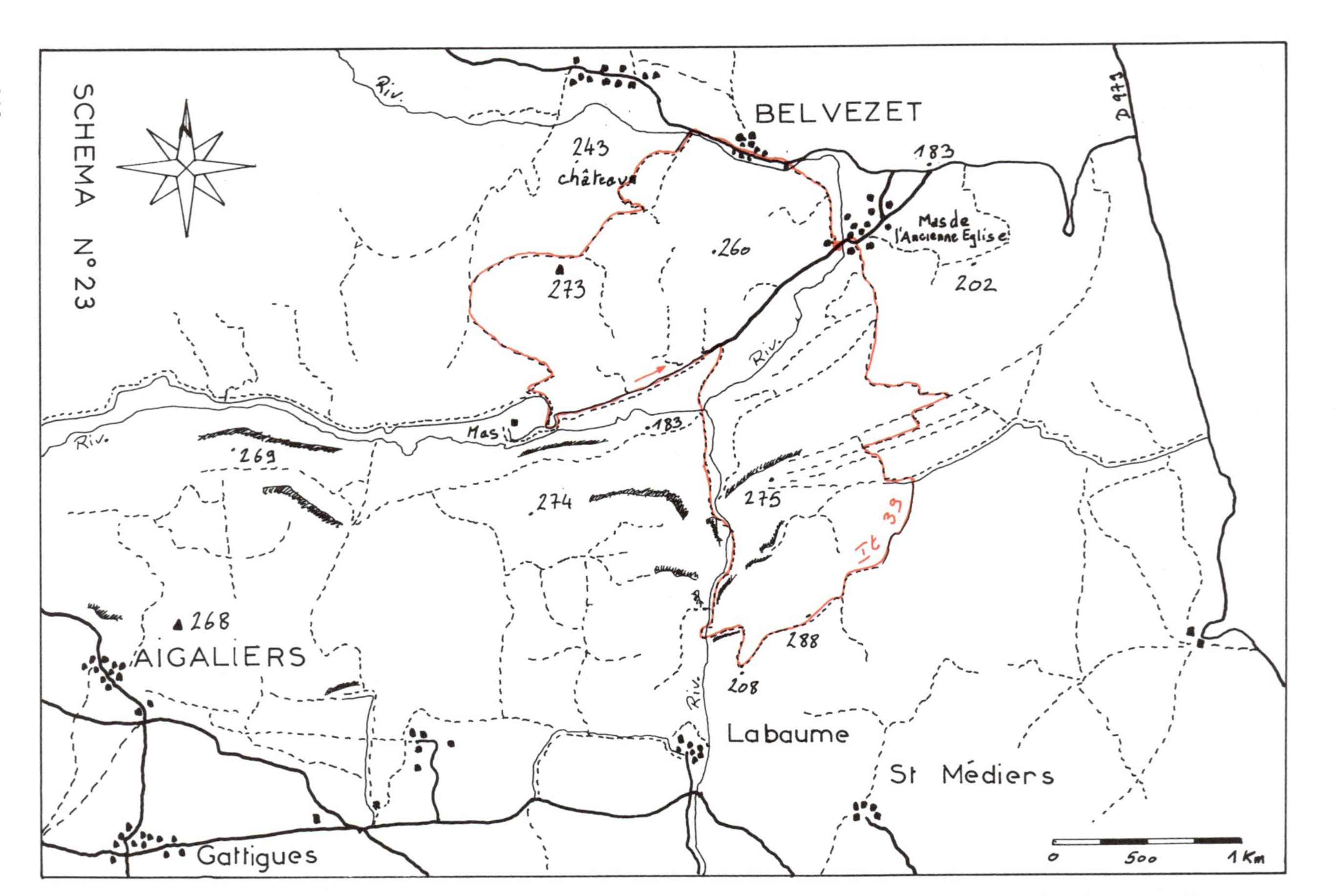

SCHEMA N° 23
BELVEZET
D 979
183
243
château
260
Mas de l'Ancienne Eglise
202
273
Riv.
Mas
183
269
274
275
It 39
268
AIGALIERS
288
208
Labaume
St Médiers
Gattigues
0
500
1 Km

Vives. Marcher vers le soleil levant tout en admirant les strates magnifiques de la barre rocheuse au sud. Progresser un moment sur du goudron puis tourner à droite. Enjamber la rivière. Au croisement, aller à gauche en direction des gorges.
Longer un terrain cultivé, traverser un bois. Au bord de l'eau, peu avant la falaise, il faut aller sur l'autre rive en passant sur des pierres.
— 1 h depuis la colline.
Entrer dans le défilé en admirant les gours minuscules ainsi que les rochers creusés par l'eau. Longer le ruisseau, la végétation se fait plus dense, passer une zone de marais puis sur un sentier escarpé au ras de l'eau. Suivre la sente jusqu'à venir buter sur une barre rocheuse haute de deux mètres qu'il faut escalader.
Plus loin, la végétation devient très dense, se diriger vers une falaise légèrement à gauche en se frayant un chemin parmi les buis et les chênes. Passer au pied de la voûte calcaire, enjamber les arbres couchés, regagner le bord de l'eau.
La masse liquide a creusé un canal dans la roche.
— 30 mn.
On retrouve un sentier puis un autre passage difficile gêne la progression, escalader deux mètres de rochers lisses. De l'autre côté, le bruit enchanteur d'une cascade récompense les téméraires. Descendre sur les rochers — nouveau pas délicat au-dessus d'une eau assez profonde. Peu après, traverser la rivière puis repasser rive gauche. Escalader à nouveau deux mètres de rochers (vieille trace rouge), s'éloigner du ruisseau, monter dans un pierrier, aller vers le sud en passant au pied d'une barre rocheuse. Descendre dans une épaisse forêt. Une fois au bord de l'eau, se rendre à l'entrée du dernier détroit, le franchir par des dalles à gauche. Lorsque la progression devient impossible au bord de l'eau, s'échapper par une sorte de toboggan calcaire à l'est. Passer sur des lapiaz, monter jusqu'aux crêtes par un éboulis, on arrive alors à un énorme tas de pierres.
— 1 h, point coté 208 sur la carte.
Vue sur le castelas, la cuvette de Belvezet et la plaine au sud.
Se diriger au nord afin d'atteindre la ligne de crêtes qui est un peu plus élevée que l'amas de cailloux où vous vous trouvez. Aller au sommet de la colline, se diriger à vue dans les pierriers, marcher vers le nord-est puis l'est. Contourner le plateau par la droite, on finit par trouver une sente puis un bon chemin carrossable à proximité d'une zone reboisée.
Prendre à gauche. Au croisement, choisir la droite, poursuivre sur la voie principale. Au grand carrefour, tourner à gauche, puis bifurquer à droite dans les chênes. Passer une laie, aller à droite sur le chemin parallèle au vaste coupe-feu. Choisir la première voie à gauche, arrivés à un nouveau large coupe-feu, marcher une centaine de mètres vers l'est puis descendre sur un bon sentier qui permet de gagner le village et de retrouver les véhicules.
— 1 h.

Itinéraire n° 40

LES FALAISES DE CORCONNE

schéma n° 15, page 66

Cet itinéraire assez aérien permet de visiter une des plus attirantes falaises du Gard. Délaissée par les grimpeurs du fait de son rocher délité, elle est restée très sauvage. Nous découvrirons également le fameux pont du Hasard et le château de Crémal datant des XIIe et XIIIe siècles. Le plus spectaculaire étant peut-être les lapiaz du sommet de la falaise. Nous n'avions jamais vu de « crevasses calcaires » si profondes, tout au moins dans la région.

Temps : 2 h.

Difficulté : Très aérien, plusieurs passages en désescalade. P2-T3.

Dénivellation : 100 m.

VTT : Impossible.

Carte : IGN n° 2747 est, Claret.

Recommandations :
Cette randonnée est réservée aux personnes ayant l'habitude d'évoluer dans des lieux escarpés. Attention donc aux enfants, aux jours de vent, et à la pluie. Se munir de chaussures hautes maintenant parfaitement les chevilles. Eviter de partir seul.

Accès :
Depuis Nîmes, emprunter la D. 999 jusqu'à Quissac puis la D. 45 vers Corconne. Stationner dans le village près de la mairie.

Description de l'itinéraire :
Prendre le chemin goudronné derrière le bâtiment (PR 34). Se diriger vers le fond du cirque.
En s'approchant des énormes falaises, on peut remarquer la complexité de leur architecture. Dièdres, fissures, surplombs s'enchevêtrent au-dessus de nos têtes.
Traverser un torrent à sec, le sentier rétrécit, passer sur des blocs rocheux pour arriver au pied de la paroi. Derrière un ultime passage, on découvre la magnifique arche du pont du Hasard. Ce pont naturel reliant les deux versants de la falaise est un des merveilleux caprices de la nature.
— 20 mn depuis le départ.
S'engager dans une brèche-cheminée (suivre la flèche rouge). Après un petit passage délicat, progresser parmi des rochers et des buis, gravir un dernier ressaut calcaire. Monter à gauche dans le pierrier, gagner le château par un bon sentier sur le plateau sommital. Pour accéder à la chapelle, contourner les ruines par la droite ; côté sud, des escaliers permettent de grimper sur une plate-forme. Remarquer l'agencement des lieux qui permettaient de servir le culte.
Ce castellas fut l'objet de maintes batailles entre catholiques et protestants au XVIIe siècle.

Retourner en direction du pont du Hasard, un peu avant celui-ci se trouve un sentier vers la gauche. Suivre la flèche bleue.
— 30 mn.
Remonter dans le fond d'un vague vallon, lorsqu'il vient buter contre une petite barre rocheuse, se diriger à droite vers des rochers ruiniformes.
— 15 mn.
Remarquez un rocher troué que l'on pourrait appeler « l'œil du hasard ». Cette appellation allant bien avec le côté surréaliste du site.
Poursuivre la randonnée en longeant le bord de la falaise de façon à progresser vers le sud-est puis l'est. Très belle vue sur le château et les vignes dans la vallée, au sud. Naviguer dans ces lapiaz dignes des glaciers alpins avec leurs crevasses et séracs. Attention en enjambant certaines de ces failles, tomber là-dedans impliquerait quelques déconvenues. Après un monolithe, un cairn montre le chemin à suivre. On arrive dans une zone « de séracs calcaires ». De loin en loin, quelques cairns guident le randonneur. De façon générale, il existe une multitude de passages possibles, mieux vaut essayer de ne pas trop s'éloigner du bord du plateau tout en restant prudents bien sûr.
Quand la végétation devient très importante et gêne la progression, gagner le bord de la falaise pour trouver une petite sente qui conduit dans la garrigue.
— 20 mn depuis le début des lapiaz.
Thyms, cades, chênes et arbousiers succèdent aux rochers et éboulis. Peu après, au bord de la falaise, des gradins invitent à descendre, ne pas s'engager par là mais un peu plus loin dans un goulet terreux où de gros chênes vont faciliter la désescalade. Après les arbres, incliner la marche à droite pour franchir un passage rocheux très délicat. Passer derrière un gros chêne puis un dernier pas difficile permet de se retrouver au pied de la falaise.
— 20 mn. T3.
Nous avons placé des cairns pour vous indiquer la voie, rien ne prouve qu'ils seront toujours là lorsque vous lirez ces lignes. Il existe beaucoup de possibilités pour descendre, si vous ne trouvez pas l'itinéraire décrit ci-dessus, faites très attention aux passages rocheux qui sont très délités. Il n'y a rien de plus désagréable que de faire confiance à un prise qui lâche sans prévenir. Prudence donc. Mieux vaut passer par des endroits dans des arbres.
Au bas de la falaise, il existe plusieurs possibilités de descente dans les éboulis. Grosso-modo, il faut rejoindre un sentier transversal que vous avez dû apercevoir du haut.
Le pierrier se termine dans un goulet où des racines de chênes constituent une bonne rampe de descente. Quelques mètres encore dans des broussailles et voici le bon sentier. Par la droite, il mène aux voitures en 5 minutes.

Itinéraire n° 41

COLLIAS, LE PONT DU GARD

schéma n° 7, page 38

Collias et le pont du Gard, deux hauts lieux des gorges du Gardon, sont reliés par un GR qui malheureusement emprunte de larges chemins et même des routes. Les rives de la rivière sont encombrées de végétation, des falaises barrent le passage ; passer au ras de l'eau est plutôt difficile. Le parcours aller emprunte la rive droite du Gardon, il ne faut pas entreprendre cet itinéraire sans être sûr de soi. Voilà donc une belle aventure pour les plus sportifs.

Temps : 4 à 5 h.

Difficulté : Très délicat, terrain d'aventures. P2-T3.

Dénivellation : 150 m.

VTT : Impossible.

Carte : IGN n° 2941 ouest, Uzès ; n° 2941 est, Remoulins.

Recommandations :
Par fortes eaux, le parcours est impossible, choisir donc plutôt la belle saison pour faire cette randonnée. Prévoir de bonnes chaussures et des vêtements passe-partout. La description de l'itinéraire est assez vague car, selon le niveau de l'eau, le cheminement n'est plus du tout le même.

Accès :
De Nîmes, gagner Collias par la route d'Avignon puis, à St-Gervasy, la D. 3. Stationner sur le pont ou sur le parking à gauche avant d'entrer dans le village.

Description de l'itinéraire :
Traverser le pont, passer côté sud, tourner à gauche, marcher sur la route qui longe la rivière. Aller jusqu'au bout de la voie en laissant sur la droite le chemin de l'ermitage. Prendre un petit sentier le long d'une clôture, passer derrière la propriété et descendre au Gardon. Marcher au pied d'une baume, poursuivre vers l'est. On arrive alors à un passage rocheux assez spectaculaire, il faut traverser au-dessus de l'eau en s'aidant d'une main courante et de sortes de rails qui devaient initialement supporter une passerelle. Continuer vers le soleil levant tout en prenant bien garde aux rochers glissants.
Un de nos amis qui nous accompagnait lors de la reconnaissance de cette randonnée glissa sur une dalle en apparence anodine, il voulut parer sa chute de la main et ainsi se brisa le poignet. Les petites glissades peuvent donc créer beaucoup de dégats.
Longer la rivière jusqu'à un îlot rocheux qui fait suite à une cascade, monter sur la falaise puis, par un sentier, à une barre rocheuse supportant une petite chapelle.
— 30 mn.

Redescendre au Gardon et le longer jusqu'au château St-Privat. Grosso-modo, il faut progresser au mieux vers l'est, les passages peuvent changer d'une année à l'autre et selon la hauteur des eaux.
Nous ne décrirons donc pas plus l'itinéraire. Rappelons que ce parcours est très difficile, qu'il y a beaucoup de végétation et que, tôt ou tard, il faudra mettre les pieds dans l'eau. Attention à ne pas se laisser tenter par un passage dans la propriété de St-Privat qui est tout à fait privée et ne peut pas servir d'échappatoire.
Avant le magnifique château de St-Privat où Richelieu reçut la capitulation des protestants en 1629, traverser le Gardon, passer rive gauche au niveau d'une vaste plage de galets. Rejoindre le pont du Gard par une forêt assez dense puis l'arborétum.
Côté nord du pont du Gard, se diriger sur le plateau puis suivre les indications « panorama ». Prendre un sentier à l'ouest, progresser près des vestiges de l'aqueduc romain, poursuivre par un petit sentier marqué jaune et bleu. On atteint un chemin plus large qui passe à nouveau devant un aqueduc imposant puis arrive à la route. L'emprunter vers la gauche en suivant les traces du GR. Descendre vers la chapelle St-Pierre. Au carrefour, tourner à gauche et marcher sur la route jusqu'au centre de plein-air de la ville de Nîmes. Continuer vers l'ouest en traversant les bâtiments, dépasser quelques propriétés, gagner les bords du Gardon, passer au pied d'une falaise puis d'une autre qui est une école d'escalade.
Un superbe toit sert de terrain de jeux aux escaladeurs car il offre un magnifique rappel en fil d'araignée.
Au parking, remonter un peu le cours de l'Alzon pour descendre le plus tôt possible au bord de l'eau, traverser à proximité d'un moulin. De jolis rochers offrent un agréable passage. De l'autre côté regagner le pont et les véhicules.

Itinéraire n° 42
LES GORGES DE LA CÈZE

schéma n° 8, page 42

Au nord de Méjannes-le-Clap, la Cèze s'est frayée un chemin à travers le calcaire en formant des canyons merveilleux où plages de galets et imposantes falaises se succèdent sur plusieurs kilomètres. Bien moins longues que celles du Gardon, ces gorges sont, par contre, beaucoup plus sauvages car d'accès difficile. Nous vous proposons un circuit assez amusant ; il vous faudra traverser à gué quatre fois, passer au ras de l'eau sur des sentes minuscules ou au pied des falaises.

Temps : 3 h.

Difficulté : Nombreux passages délicats. P3-T3.

Dénivellation : 150 m.

VTT : Impossible.

Carte : IGN n° 2940 ouest, Lussan.

Recommandations :
Du fait des passages à gué, il vaut mieux entreprendre cette randonnée à la bonne saison par basses eaux. Se munir d'une serviette pour se sécher les pieds, et, peut-être, d'un bâton pour ouvrir les passages dans la végétation ou éloigner les serpents.

Accès :
Gagner Méjannes-le-Clap puis se diriger vers le lotissement des Cades et la plage du Roy. Stationner au bout de la route goudronnée (assez loin du village).

Description de l'itinéraire :
Descendre par le large chemin jusqu'au bord de la Cèze, en admirant les magnifiques arches sur la falaise au nord. Au bord de l'eau, se diriger à droite vers un premier barrage puis, plus loin, vers une sorte de petite cascade. Traverser la rivière avant le fort courant. De l'autre côté, après une plage, monter sur une butte dans des arbres, on trouve un sentier que l'on emprunte sur la gauche. Passer au pied d'une falaise où l'on peut admirer une voie d'escalade. Continuer jusqu'à une grotte, siège d'une source qui coule doucement à la rivière par un magnifique canal naturel dans la roche.
— 30 mn.
Franchir le passage délicat avec l'aide de la main courante, marcher dans la belle forêt (grotte de la source de St-Ferréol à la sortie du bois) puis sur un chemin pour arriver à la chapelle St-Ferréol. Descendre alors à la Cèze, traverser à nouveau pour prendre un chemin au sud du cours d'eau.
Magnifique vue sur les gorges et la falaise sous laquelle coule une abondante source.
Au bout de la plage de galets, la progression au ras de l'eau devient impossible, monter sur la butte de terre par un sentier, passer en sous-bois, se diriger vers une bâtisse en ruines. Prendre alors une sente vers l'ouest, ne pas s'engager sur le large chemin qui monte.
— 30 mn.
Après un bon sentier, passer un goulet rocheux et escarpé, descendre puis forcer le passage dans les herbes pour atteindre une falaise, poursuivre sur cette sente vers l'ouest. Après s'être approché de l'eau, traverser un torrent à sec au pied d'une falaise, continuer dans la même direction en admirant les grottes et un fabuleux lierre qui doit être plus que centenaire. Le chemin est tantôt bon, tantôt envahi par les herbes. On arrive enfin à un large chemin.
— 30 mn.
Marcher sur cette bonne voie, traverser à nouveau la rivière, progresser vers l'ouest. Alors que le large chemin s'incline vers le nord, prendre à gauche une sente qui conduit à une passerelle permettant de traverser l'affluent de la Cèze. La Malaygue forme dans la roche d'étranges marmites et canaux avant de se perdre dans la rivière.
— 15 mn.

Un mauvais sentier dans les herbes mène à un chemin. Laisser les ruines à droite, poursuivre vers l'ouest, prendre à gauche à la pâte d'oie. Au bout du chemin, se diriger à gauche puis tout de suite à droite pour emprunter un sentier qui longe le cours d'eau. On arrive sur une plage. Traverser une ultime fois la rivière, monter par une large voie dans la colline. La vue s'élargit vers le nord et même jusqu'aux Cévennes. Dans un virage, alors que le chemin fait des « S », prendre un petit sentier à gauche, s'enfoncer dans le sous-bois.
— 40 mn (croix jaune sur une grosse pierre).
S'élever dans la forêt parmi les chênes blancs et les buis.
Nous quittons définitivement les bords de la Cèze pour découvrir les magnifiques bois du plateau de Méjannes.
Après 15 mn d'ascension, emprunter, sur la gauche, un sentier qui conduit vite à la route goudronnée. Marcher sur l'asphalte vers le nord, laisser un premier chemin qui mène à un réservoir d'eau pour choisir le second à droite à l'entrée d'un virage. Descendre dans cette forêt parfumée par le thym et le chèvrefeuille. A la clairière, se diriger à gauche, aller jusqu'aux amas de ruines et retourner aux véhicules.
— 30 mn.

Itinéraire n° 43
LES CONCLUSES DE LUSSAN
schéma n° 17, page 79

Près du magnifique village de Lussan, voici les Concluses, profonds canyons taillés dans ces plateaux calcaires par une rivière en apparence anodine : l'Aiguillon. Un parcours bien aménagé permet de visiter ces gorges (voir l'itinéraire n° 25). Malheureusement, après le Portail, le canyon devient minuscule et totalement bouché par le cours d'eau. Il faut alors escalader plusieurs fois pour venir à bout des défilés, cette entreprise est donc réservée aux marcheurs ayant pratiqué l'escalade.

Temps : 5 h.

Difficulté : Passages très difficiles en escalade. P3-T3.

Dénivellation : 230 m.

VTT : Impossible.

Carte : IGN n° 2940 ouest, Lussan.

Recommandations :
Pour effectuer ce circuit, il vaut mieux éviter de partir seul. Une corde de randonnée rendra service pendant les passages dans les détroits. Prévoir un sac à dos le plus petit possible. L'itinéraire est déconseillé aux enfants et aux personnes peu expérimentées. La balade peut être envisagée en toute saison avec une préférence pour l'automne mais, en tout cas, en période de basses eaux.

On peut allonger le circuit en descendant, depuis le départ, sur Prades et en parcourant ensuite l'intégralité des gorges. Dans ce cas, l'itinéraire devient vraiment très long (voir schéma).

Accès :

D'Uzès, prendre la D. 979 vers Barjac. Au village de Lussan, tourner à droite sur la D. 143 en direction des Concluses. Suivre les panneaux et stationner sur le parking en bout de route.

Description de l'itinéraire :

Descendre par le sentier qui « dégringole » dans les gorges. Auparavant, du plateau, vous apercevez les falaises sculptées par l'eau. Des rampes, câbles... sont à votre disposition tout au long de la descente. Le chemin est très raide et peut devenir glissant après une pluie. Une fois en bas, il ne vous reste plus qu'à admirer les magnifiques baumes au bas desquelles une très belle cascade coule... quand il y a de l'eau ! Aller vers la droite. Le passage qui suit étant délicat, il vaut mieux se servir de la rampe qui se trouve rive droite. De nombreuses marmites, canaux, vasques, cascades... se succèdent. Peu après, sur la droite, la grotte de la vierge et la « salle des stalactites » attendent votre visite. Pour cela, il faut s'éloigner du cours d'eau et longer les falaises. Ensuite, sur la gauche, un lierre fossilisé, une baume et un authentique lierre s'offrent à votre regard. Le passage suivant est un peu aérien. Il se déroule sur un rocher, au ras de l'eau, mais rassurez-vous, un câble est à votre service. Après une traversée dans une forêt de buis, on retrouve la rivière, et en franchissant une roche à l'aide d'un nouveau câble, on arrive au gouffre du Noir. De très hautes falaises vous dominent. Après une autre marmite géante, suivre les flèches rouges qui mènent au portail des Concluses en passant par un magnifique sous-bois de feuillus.
— 45 mn.
Si un quelconque problème survenait en cours de route, soit montée des eaux, soit passage trop dur... des déviations sont mises en place assez régulièrement.
Passer le portail et aller jusqu'à l'entrée des détroits. Dans un coude, alors que l'eau gêne la progression par le fond, s'élever rive droite sur une sorte de rampe calcaire. Escalader une dizaine de mètres puis aller sur la gauche, passer par des systèmes de vires qui permettent de traverser vingt mètres au-dessus de l'eau. Progresser jusqu'à redescendre au fond du canyon dans une partie asséchée.
Ces passages sont aériens voire dangereux, il vaut mieux être sûr de soi pour s'engager sur un tel terrain. Attention à ne pas trop monter, il convient de bifurquer à gauche sur des vires minuscules encombrées de végétation qui, d'ailleurs, rend la progression moins dangereuse.
Continuer dans le lit de la rivière, au fond de ce profond canyon. Après le chaos, au niveau d'une marmite, s'engager à gauche sur les rochers. Des troncs d'arbres, haut perchés, indiquent le niveau des crues. Au deuxième détroit, traverser dans les gours sous des voûtes de rochers sableux. Le troisième obstacle se passe par une vire à gauche, à quelques mètres de l'eau. Là aussi il y a un pas de désescalade assez difficile. Bien traverser au-dessus de l'eau pour descendre dans le virage à gauche.
— 45 mn.

Poursuivre jusqu'à un autre canyon étroit qu'il faut négocier d'abord par le fond puis à gauche dans les rochers lorsque l'on atteint une vaste marmite très profonde. Progresser dans les arbustes puis redescendre dans le lit de la rivière. L'itinéraire devient moins technique, on arrive à une magnifique dalle calcaire et à de non moins belles baumes percées de trous parfaitement circulaires. Monter à gauche à l'aide du saule.
— 30 mn.
La sortie des défilés est marquée par de curieuses racines sous une voûte terreuse, qui semblent des filets de pêche. Peu après, prendre un chemin en corniche sur la gauche. A une carcasse d'Estafette, tourner en direction de la Pierre Plantée par le tracé jaune et bleu.
— 15 mn.
Monter sur ce chemin assez raide. Sur le plateau, on trouve un peu d'ombre grâce aux arbres. Au carrefour, aller tout droit sur ce joli sentier parmi les chênes et les arbousiers. Après d'interminables passages en sous-bois, prendre à droite (bien suivre les jalons bleus et jaunes) pour atteindre la formidable Pierre Plantée, menhir de six mètres de haut. Au sud du monolithe, s'enfoncer dans le bois sur une sente minuscule. A la bifurcation, tourner à droite pour arriver sur une large voie. Marcher vers le sud puis prendre à gauche au panneau « Les Concluses ».
— 15 mn.
Après une magnifique descente en forêt dans la combe de la Queue de Bœuf, on finit par dominer les Concluses. Descendre jusqu'au fameux portail visité précédemment.
— 55 mn.
A gauche, une magnifique barre rocheuse est équipée de quelques voies d'escalade mais nous n'y avons jamais vu grimper les amateurs de varappe.
Remonter aux véhicules par le bon chemin qui naît près de la passerelle.
S'il vous reste un peu de temps, vous pouvez visiter le village fortifié de Lussan, qui est le berceau de la famille d'André Gide, en souhaitant que ce parcours hors du commun vous ait appris « la Ferveur » chère au grand écrivain.

Si vous désirez être régulièrement informé
de nos publications **SPORT**

Randonnée / Escalade / Spéléologie / Canyonisme /
Ski / Vélo – V.T.T / Cheval

recopiez ou découpez cette fiche dûment complétée.
Edisud, La Calade, 13090 Aix-en-Provence

Nom ....Prénom ....

Profession ....

Adresse ....

....

Code postal ....Ville..

TABLE DES MATIÈRES

NOTES

Malgré toute notre bonne volonté et tous les soins apportés à ce livre, il se peut que des erreurs se soient glissées ou que les communes aient apporté des changements appelant des remarques de votre part. Nous vous remercions de bien vouloir les signaler à l'éditeur qui les prendra en considération pour une édition ultérieure. En améliorant le présent guide, vous aidez le futur randonneur.
D'avance, merci.

Les auteurs.

REMERCIEMENTS

Nous tenons à remercier tous ceux qui nous ont apporté leur concours, notamment :
Capucine Chérencé, Odette Boucharat, Philippe et Christiane Delmas et Bernard Cuelle qui nous a magnifiquement piloté pour prendre les photos aériennes.

Achevé d'imprimer en juillet 1992
sur les presses de SUD GRAPHI
46001 CAHORS
Dépôt légal à parution

Imprimé en France